VOL. 51

EDITORA AFILIADA

Dados Internacionais de Catalogação na Publicação (CIP)
(Câmara Brasileira do Livro, SP, Brasil)

LeShan, Lawrence, 1920-
   O dilema da psicologia : o olhar de um psicólogo sobre sua complicada profissão / Lawrence LeShan ; tradução de Carlos Eugênio Marcondes de Moura ; revisão técnica de Ruth Rejtman, — São Paulo : Summus, 1994. — (Coleção novas buscas em psicoterapia; v. 51)

   Bibliografia.
   ISBN 85-323-0463-X

   1. Psicologia — Filosofia 2. Psicologia — Prática I. Título. II. Série.

94-2345
                                                       CDD-150.1

Índices para catálogo sistemático:

1. Psicologia : Filosofia 150.1

Lawrence LeShan

O DILEMA DA PSICOLOGIA

O olhar de um psicólogo sobre
sua complicada profissão

summus editorial

Do original em língua inglesa
The Dilemma of Psychology — A Psychologist Looks at His Troubled Profession
Copyright © 1990 by Lawrence Leshan, Ph.D.

Tradução de:
Carlos Eugênio Marcondes de Moura

Revisão técnica de:
Ruth Rejtman

Capa de:
Carlo Zuffellato/Paulo Humberto Almeida

Proibida a reprodução total ou parcial
deste livro, por qualquer meio e sistema,
sem o prévio consentimento da Editora.

Direitos para a língua portuguesa
adquiridos por
SUMMUS EDITORIAL LTDA.
Rua Cardoso de Almeida, 1287
05013-001 — São Paulo, SP
Telefone (011) 872-3322
Caixa Postal 62.505 — CEP 01295-970
que se reserva a propriedade desta tradução.

Impresso no Brasil

NOVAS BUSCAS EM PSICOTERAPIA

Esta coleção tem como intuito colocar ao alcance do público interessado as novas formas de psicoterapia que vêm se desenvolvendo mais recentemente em outros continentes.

Tais desenvolvimentos têm suas origens, por um lado, na grande fertilidade que caracteriza o trabalho no campo da psicoterapia nas últimas décadas, e, por outro, na ampliação das solicitações a que está sujeito o psicólogo, por parte dos clientes que o procuram.

É cada vez maior o número de pessoas interessadas em ampliar suas possibilidades de experiência, em desenvolver novos sentidos para suas vidas, em aumentar sua capacidade de contato consigo mesmas, com os outros e com os acontecimentos.

Estas novas solicitações, ao lado das frustrações impostas pelas limitações do trabalho clínico tradicional, inspiram a busca de novas formas de atuar junto ao cliente.

Embora seja dedicada às novas gerações de psicólogos e psiquiatras em formação, e represente enriquecimento e atualização para os profissionais filiados a outras orientações em psicoterapia, esta coleção vem suprir o interesse crescente do público em geral pelas contribuições que este ramo da Psicologia tem a oferecer à vida do homem atual.

A Eda LeShan, que sempre encorajou e apoiou meu profundo amor pela disciplina de psicologia, e cujas contribuições a este livro são por demais numerosas para poderem ser relacionadas.

SUMÁRIO

Prefácio: O último trem de Armagedon 9
1. Em uma selva escura 13
2. Localizando o desvio de rota 21
3. Como formar especialistas 27
4. O laboratório e o mundo 41
5. As cifras e os sentimentos humanos 55
6. Criando um modelo de homem 69
7. Deus como engenheiro 83
8. A psicologia e a condição humana 103
9. Pressupostos necessários a uma ciência humana 125
10. Os dois métodos da ciência 135
    Resumo e conclusões 151

Notas 157
Bibliografia selecionada (e amostragem de alguns pontos de vista) 161

Tenho uma dívida de toda uma vida para com meus professores, que me ensinaram a valorizar a soberba e imaculada beleza da ciência e, em particular, para com Richard Henneman e Arthur Jenness. Este trabalho não teria sido possível sem a generosidade da Biblioteca Fordham, no Lincoln Centre, e a de seu dirigente, Clement J. Ansal, que me concedeu a permissão de recorrer a seus excelentes tesouros. Sou profundamente grato a Mary Lawrence por seu significativo e prático encorajamento a meu trabalho.

PREFÁCIO

O ÚLTIMO TREM DE ARMAGEDON

Os seres humanos enfrentam hoje três dilemas cruciais. Fracassar na resolução de qualquer um deles certamente destruirá nossa civilização e muito provavelmente erradicará nossa espécie. Ei-los:

- como parar de nos matar
- como parar de envenenar nosso único planeta
- como limitar o crescimento demográfico

Todos os três envolvem e constituem problemas de comportamento humano, pensamento e motivação.

Somos uma sociedade "científica", na medida em que recorremos aos cientistas para as soluções das grandes questões. Nós, por exemplo, não procuramos respostas na religião, a exemplo do que fazia a população na Idade Média. (Naquela época, quando a peste atacava, a primeira e, até certo ponto, a única linha de defesa era a oração.) Não procuramos apaziguar o destino por meio de sacrifícios ou de bodes expiatórios, para resolver nossos dilemas, como o faziam sociedades mais antigas. Não acreditamos que a filosofia solucionará os problemas de grande amplitude. Não temos mais esperança de que uma mudança em nossa estrutura política acarrete as transformações necessárias a sua resolução. Quando nos preocupamos com um assunto, pedimos ajuda à ciência. Quando somos atormentados por uma doença específica, por exemplo, aumentamos os recursos destinados à pesquisa científica e deixamos claro para a indústria farmacêutica que o primeiro laboratório que criar uma vacina ou um antídoto vai faturar — e muito.

A ciência tornou-se um instrumento que nos permite esclarecer certas dúvidas importantes. Para o pior ou para o melhor, este é o *nosso* caminho. Grande número de ciências despontou e cada uma delas dedicou-se ao estudo de determinado campo da experiência, um segmento particular da realidade e às soluções dos problemas existentes nessa área.

Na ciência dedicada ao estudo do pensamento, do comportamento e da motivação humanos reside nossa esperança de resolver os nossos grandes enigmas atuais: *não dispomos de outro recurso significativo.*

A psicologia, ciência preocupada com essa área, tem agora bem mais de cem anos. Já não pode recorrer à desculpa de ser uma ciência jovem. Conta com imensos recursos humanos com boa formação (somente a Associação Americana de Psicologia tem mais de 16.000 membros, e todos obtiveram diplomas de estudos avançados). Dispõe de um grande número de centros de estudos e de pesquisa. É o lugar adequado para que nossa cultura procure soluções dos nossos aterrorizantes desafios. Se os problemas fossem de natureza química, certamente recorreríamos a químicos industriais; no caso da geologia, procuraríamos um geólogo. Por que, quando se tratam de situações catastróficas no campo da psicologia, não solicitamos psicólogos?

Sabemos que os problemas são muito sérios. Sabemos, sem a menor dúvida, que nossa existência, enquanto espécie, corre grande perigo. Sabemos que estamos constantemente guerreando uns contra os outros em alguma parte do planeta. Sabemos que muitas nações estão construindo armas nucleares e arquitetando maneiras de distribuí-las. Sabemos que não conseguimos parar de nos matar e que, a qualquer momento, esse morticínio vai escapar de nosso controle. Sabemos que os oceanos estão sendo envenenados e que, quando pararem de funcionar, um suprimento adequado de oxigênio não estará mais à nossa disposição. Sabemos que nossa população se aproxima rapidamente do ponto em que todos morreremos de inanição. Sabemos que cada um desses problemas torna os outros piores. Sabemos que *precisamos* resolvê-los e não temos a menor idéia de como fazê-lo.

Nosso instrumento para esclarecer essa dúvida é a ciência. A psicologia é a ciência que lida com o comportamento humano e a vida interior. Não dispomos de outro instrumento nesta sociedade. A psicologia é o Último Trem de Armagedon. Por que não estamos entrando nele? Por que não existem grandes projetos psicológicos, do tipo Projetos de Sobrevivência Humana ou um Los Álamos da Mente? Por que a psicologia não é encarada como algo útil para a resolução de problemas nas áreas que ela investiga?

Infelizmente, a resposta é muito simples. Existe uma crença amplamente difundida de que a psicologia perdeu a tal ponto o contacto com a experiência humana real, que não faria o menor sentido solicitar a ela que remova as grandes preocupações dos homens. Este é o ponto de vista que predomina em nossa sociedade em relação à mais básica de nossas ciências. Devo concordar com esta opinião e o faço com o profundo pesar de um psicólogo com mais de quarenta anos de experiência, que trabalhou em vários setores desse campo.

Este livro é uma investigação dos motivos pelos quais isto ocorre e do que aconteceu com essa ciência. Em que momento ela seguiu o caminho errado, a ponto de torná-la inútil quando mais se precisa dela? Poderá ela ser reorientada de modo a poder proporcionar as soluções de que desesperadamente necessitamos?

Aconteceu algo de muito errado, e nos primeiros sete capítulos deste livro demonstro o que foi e quando isso ocorreu. A correção do problema também está ao nosso alcance. Os quatro últimos capítulos mostram-nos que isto pode ser feito e como podemos estruturar uma psicologia verdadeiramente científica, que diga respeito aos seres humanos e a suas necessidades. Se a psicologia é a última esperança, então trata-se de uma esperança real e de uma saída para nossa espécie. Este livro é um mapa de como e quando nos extraviamos da trajetória de nossa ciência e como voltar a trilhá-la.

A *Divina Comédia* de Dante assim se inicia: "No meio da jornada de nossa vida encontrei-me numa selva escura, onde o caminho certo estava perdido."

A psicologia perdeu o rumo certo, mas assim como Dante encontrou um guia que já estava à sua espera, nós também temos nossos guias; porém, até agora, em grande parte os ignoramos. Vamos segui-los todos juntos, para percebermos o que fomos e o que ainda poderemos ser.

11

1

EM UMA SELVA ESCURA

Em 1984 voltei à faculdade na qual me formara havia muitos anos. Foi ali, em 1939, que me apaixonei pela disciplina de psicologia. Desde então, sempre me considerei um psicólogo, estudei e trabalhei nessa área. No entanto, apesar de minha profunda identificação e lealdade para com minha profissão, percebi com clareza cada vez maior, nestes últimos anos, que aconteceu algo de profundamente errado com ela. Parece que estamos imersos em um pântano e que não conseguimos avançar; refazemos constantemente o caminho, colocando novos rótulos em cada segmento desse caminho, enquanto voltamos a pisar em nossas próprias pegadas.

Percorri uma longa trajetória na psicologia, desde o tempo do College of William and Mary. Obtive o mestrado na Universidade de Nebraska e fiz o doutorado na Universidade de Chicago. Trabalhei no Exército como especialista em guarnição e psicólogo, bem como em uma organização de consultoria industrial e na Administração dos Veteranos. Lecionei em uma universidade, três faculdades e num seminário de teologia. Durante quinze anos submeti-me à psicoterapia, realizei um trabalho de supervisão que durou cinco e fui psicoterapeuta em tempo parcial ou integral durante vinte anos. Contemplaram-me com bolsas de pesquisa de seis fundações e estive à frente de dois projetos de pesquisa de longa duração. Resumi artigos para a publicação em *Psychological Abstracts*, escrevi sete livros, sendo co-autor de mais dois e co-organizador de um. Publiquei mais de 75 artigos em revistas especializadas, desde o *The Journal of Experimental Psychology,* ao *The Journal of Orthopsychiatry;* do *The Journal of General Psychology* ao *Psychiatry: A Journal for the Study of Interpersonal Processes;* do *The Journal of Abnormal and Social Psychology,* ao *The Journal of the National Cancer Institute;* do *Journal of Nervous and Mental Disease,* ao *Perceptual Motor Skills.*

Os livros e artigos que escrevi cobriam grandes áreas de estudo: do desenho de um novo tipo de labirinto para ratos a um método inovador de eletroencefalogramas em pacientes com graves lesões cranianas; dos diferentes modos de percepção do tempo nos vários grupos sociais dos Estados Unidos, ao relacionamento entre fatores emocionais e o posterior surgimento do câncer; da psicodinâmica de indivíduos com índices muito altos ou muito baixos de acidentes ao emprego de técnicas de projeção para recuperar a memória em crianças emocionalmente afetadas; do delineamento psicológico de programas de terapia ocupacional à relação entre o número de pontos obtidos em testes aplicados à Percepção Extra-Sensorial e certas variáveis do teste de Rorschach; e da estrutura básica da metodologia científica a — finalmente — o emprego de conceitos holísticos em relação à saúde.

Organizei três simpósios internacionais sobre psicologia e participei de doze ou mais deles. Fiz parte do corpo diretivo de uma divisão da Associação Americana de Psicologia (APA) e fui presidente de uma organização de psicologia que contava com 500 membros. Realizei conferências e proferi seminários em muitas regiões dos Estados Unidos, em vários países da Europa e em Israel.

Em resumo, fiz boa parte daquilo que os psicólogos de minha época e de minha geração efetuaram.

Agora eu regressava, em uma viagem sentimental, à faculdade e departamento onde me iniciara. A partir do momento em que entrei no edifício onde se localizava o Departamento de Psicologia sofri inúmeros impactos. O que me surpreendeu em primeiro lugar foi o tamanho da seção, que havia aumentado enormemente. As duas grandes salas onde estavam os computadores ocupavam um espaço físico muito maior do que todo o departamento, quando eu ali estudei. O que chamou minha atenção, em segundo lugar, foi a imensa vitrina no *hall,* com paredes de vidro, dentro da qual havia equipamentos e a inscrição: INSTRUMENTOS PSICOLÓGICOS ANTIGOS, DE USO DESCONHECIDO. No interior da vitrina encontrava-se boa parte do equipamento que me haviam ensinado a operar! Eu podia muito bem responder às indagações sobre o equipamento, bem como demonstrar seu uso. Lá estavam os instrumentos a que recorríamos para estudar o aprendizado motor, os instrumentos de coordenação, com dois braços, um aparelho para estudar a percepção profunda, assim como um outro destinado a vaporizar e envernizar papel quimográfico. Se tudo isso era considerado "antiguidade", então o que seria eu?

Tinha um encontro marcado para logo mais com um dos professores, velho amigo meu. Enquanto aguardava a hora, perambulei pelo departamento, visitei a sala de leitura do setor de psicologia, sentei-me nas carteiras de algumas salas de aula e, de modo geral, tentei adquirir uma noção do que o departamento estava fazendo e tentava fazer.

Na sala de leitura encontravam-se os números mais recentes de revistas referentes à psicologia geral e experimental, bem como uma pasta com as publicações dos membros da equipe. Folheei a pasta, seguindo aquele adágio de William James segundo o qual, se quisermos saber do que trata uma ciência, não devemos solicitar definições, mas observar o que os cientistas da área estão fazendo. Em sua maioria os artigos diziam respeito a estudos estatísticos e experimentais sobre aspectos do comportamento humano, essencialmente desprovidos de importância. Não pude deixar de recordar uma declaração de James de que não era por acaso que a psicologia experimental se originara na Alemanha. "Ela só poderia ter nascido em um país cujos habitantes eram incapazes de se aborrecer!", observou ele.

Mais tarde fui até a sala de meu amigo, Ray Harcum. Duas paredes estavam cobertas do chão ao teto com livros de psicologia, dos textos introdutórios aos mais complexos. Perguntei-lhe por que, após mais de um século de existência da psicologia, para obtermos um real conhecimento do comportamento e da consciência humana não consultávamos nenhum desses livros. Perguntei-lhe também: e se eu quisesse saber algo a respeito das coisas *importantes* relativas à condição humana ligadas ao significado de sermos humanos, como o amor, o ódio, a coragem, os ciúmes, o temor, a dignidade, o terror, a compaixão, não me reportava aos textos de psicologia, mas a Dostoievsky, Goethe, Schubert, Picasso, Strindberg e Shakespeare? Por que *O Rei Lear* e *Guerra e Paz* contêm e ensinam mais psicologia do que tudo o que havia naqueles livros enfileirados nas estantes? O que aconteceu de errado com nossa área para que as coisas fossem assim? Em que ponto tomamos a direção errada? Formulei essas perguntas e, então, nós dois, psicólogos experientes que havíamos trabalhado em quase todos os aspectos de nosso campo, além de estudá-los, nos encaramos, desarvorados.

O tema que abordávamos com sentimentos tão melancólicos, de tamanha perplexidade, não era novo. Certamente não éramos os primeiros a nos intrigarmos com ele. Há alguns anos o filósofo Morris Raphael Cohen escreveu:

"Na prática, o estadista, o homem de negócios e até mesmo o médico podem chegar freqüentemente à conclusão de que um romancista como Balzac oferece mais ajuda do que longos capítulos dedicados à mais científica psicologia".[1]

E, entre tantos outros psicólogos, Kurt Lewin, um dos mais destacados e sérios profissionais dessa área, fez a seguinte colocação:

"As descrições mais completas e concretas de determinadas situações foram aquelas que escritores como Dostoievsky nos propiciaram. Tais descrições realizaram com sucesso aquilo que falta às descrições estatísticas, isto é, uma descrição que nos mostre de maneira bem definida como diferentes fatos, no universo que cerca um indivíduo, estão relacionados entre si e com o próprio indivíduo. A situação global é apresentada com sua estrutura específica."[2]

Não apenas realizamos poucos progressos — segundo as palavras do escritor inglês Arnold Toynbee, "Temos mais conhecimentos do que nossos antepassados, porém menos compreensão"[3] — mas, como profissão, perdemos boa parte de nosso otimismo e da esperança de que algum dia atingiremos tal progresso. A profissão de psicólogo iniciou-se como um grande sonho: o de levar o método científico a relacionar-se com os seres humanos, ajudando o nosso desenvolvimento, bem como o de nossa espécie e aproximando-nos daquele potencial que todos percebemos um tanto obscuramente. O primeiro livro a ser publicado com o termo *Psicologia* no título, ilustra muito bem tal afirmação. O título completo era *Psicologia: Uma tese sobre a perfeição do homem*. Em um sentido muito real, nosso lema era um verso extraído do *Rubayat*:

"Oh, amor, poderíamos tu e eu com Ele conspirarmos
Para apreender por inteiro esta triste situação,
Não a reduziríamos a frangalhos e então
Nós a renovaríamos de acordo com os anseios de nosso coração?"

Em muitos campos de pesquisa — o da sensação, da percepção, da motivação, do desenvolvimento da criança, do comportamento grupal, da memória, da criminologia, além de vários outros — investigávamos mais a fundo, aprendíamos mais, descobríamos como nos tornar melhores e como ajudar os outros a se tornarem seres humanos mais completos e profundos. Fazíamos parte de uma generosa e gloriosa cruzada.

Jamais esquecerei de um incidente que ocorreu quando eu era bacharelando no William and Mary, em 1941. Clark Hull, um dos grandes psicólogos daquela época, fora visitar as obras de restauro que se realizavam no centro histórico de Williamsburg e, por ocasião de sua estada, consentiu em fazer uma palestra para o Clube de Psicologia do College of William and Mary. Disse-nos que havia uma coisa que um psicólogo deveria ouvir uma vez na vida, pois tratava-se de uma verdade profunda subjacente a todo nosso trabalho, sobre a qual em geral não falamos ou nem mesmo pensávamos muito. Era algo que dizia respeito ao que verdadeiramente um psicólogo é. "Um psicólogo", afirmou ele, "é uma pessoa que está tentando realizar uma nova Renascença". Essa nova Renascença, prosseguiu Hull, produziria um novo tipo de indivíduo, que prezaria sua própria individualidade e a individualidade dos outros; que conseguiria viver com integridade e alegria em um mundo que a ciência tornara tão pequeno que todos nós seríamos parentes e nossas tarefas consistiriam em crescer e ajudar o outro a crescer, de modo a atingir seu pleno potencial. Tal como as outras renascenças tinham produzido novos tipos de indivíduos, assim o faria esta nova renascença. A tarefa do psicólogo, continuou Hull, consistia em estabelecer uma diferença, intensificar a alegria, o deleite e a riqueza presentes na vida de seus semelhantes. "Nós, psicólogos', afirmou Hull, "trabalhamos de diferentes maneiras para alcançar essa finalidade: alguns no campo do recrutamento e da formação; outros, no campo do desenvolvimento teórico; outros, na pesquisa e no teste de novas teorias; e outros, na aplicação prática daquilo que já se aprendeu." Como bem se pode imaginar, uma colocação dessas, incluindo a expressão "Nós, psicólogos", vinda de um dos mais eminentes psicólogos de nossa época, causou em muitos de nós, estudantes, uma impressão indelével.

    Tal comentário também ilustrou a esperança, a finalidade e o otimismo que aquela época depositava na psicologia. O ponto alto desse otimismo foi alcançado pouco depois da Segunda Guerra Mundial, quando nossas fileiras, que se expandiam rapidamente, entravam em muitos campos novos de pesquisa e progrediam de maneira aparentemente rápida, fazendo-nos fizeram sentir engajados em uma grande cruzada em busca de uma nova Jerusalém.

    Nos anos que se seguiram, entretanto, as esperanças e o otimismo começaram a fenecer. Esperávamos modificar a vida no planeta. E nos desesperávamos, na medida em que todos os esforços pareciam exercer pouco efeito. Nunca houve tantos psicólogos como hoje, atuando em tantas áreas, mas não se observam avanços reais. Os milhares de psicoterapeutas parecem exercer pouco ou nenhum efeito sobre a saúde mental do país. Os psicólogos industriais, ao que tudo indica, não aperfeiçoam a indústria. Os psicólogos das escolas aparentemente não exercem uma influência positiva sobre a educação.

Além do mais, a própria natureza de nossa profissão parece estar mudando. Iniciamos como uma profissão que atuava na área de atendimento e da ajuda. Agora, um número cada vez maior de colegas costuma encará-la sobretudo como um negócio capaz de proporcionar ótimos rendimentos. Não se trata apenas do fato de as bolsas de pesquisa proliferarem e, segundo parece, todo mundo corre atrás delas. A maior parte dos novos recrutas procura a área da psicologia clínica e a maioria parece se preocupar mais com o nível de seus rendimentos do que com a saúde mental de seus pacientes. Os artigos publicados nos boletins de nossas organizações estatais de psicologia algumas vezes dedicam mais de cinqüenta por cento de suas linhas a questões financeiras.

Recentemente, uma colega deu-me seu cartão. Abaixo do nome estava impresso "Consultório de Psicologia, E.P." Imaginei que as iniciais E.P. se referissem a algum diploma profissional e fiz uma indagação nesse sentido. Provavelmente fui objeto de gozação, como o último psicólogo deste mundo a saber que aquilo significava "Empresa Particular". Após novas indagações, fiquei sabendo que se trata de um modo de organizar os negócios, a que se recorre unicamente quando o rendimento da empresa é bem alto. A orientação que presidia o exercício de nossa profissão sofreu um desvio, e passamos de cruzados entusiastas a céticos comerciantes.

O *Psychological Monitor*, boletim oficial da Associação Americana de Psicologia, relatou há pouco tempo o seguinte fato: Uma psicóloga recém-formada procurava uma maneira diferente de tornar conhecido seu novo consultório, recém-instalado. A idéia: um anúncio de página inteira no jornal local, divulgando um evento a portas abertas, com a presença de "Psico, O Palhaço Biruta". Mais ainda, haveria distribuição gratuita de balões coloridos com seu endereço e número de telefone, um cupom que dava direito a uma "primeira sessão gratuita", além do sorteio de vinte sessões gratuitas.

Mais adiante, no mesmo artigo, o *Monitor* relatava outro: Um ônibus lotado de crianças raptadas por terroristas foi libertado em um *shopping center*, onde os pais as aguardavam. Lá também estava um psicólogo, que distribuía cartões, identificando-se como especialista em reféns. O cartão trazia a seguinte advertência: "É fato muito sabido que os reféns podem apresentar sérias reações emocionais no futuro. Uma psicoterapia preventiva é algo obrigatório para seu filho."[4]

A atitude básica que esses dois psicólogos demonstram perante sua profissão é evidente demais para que se entre em maiores discussões.

Embora o *Psychological Monitor* levantasse sérias questões sobre os dois incidentes acima relatados, seu ponto de vista é muito bem ilustrado por um anúncio que ele aceitou publicar e que reproduzimos na íntegra:[5]

LOTE SEU CONSULTÓRIO

• Leve para o seu consultório, os "fracassados em suas dietas", *em grupos*.

• Faça com que *fiquem* para um programa de instruções com dez semanas de duração.

• Os mais emocionalmente necessitados devem permanecer para uma terapia mais prolongada.

• Organize uma lista de espera e complete o grupo sempre que houver desistências.

Este é um programa incomparável, destinado a proporcionar *segurança* à vida financeira de seu consultório. Para mais informações, preencha o cupom e remeta-o pelo correio.

Enviem-me pelo Correio mais informações
Nome _____
Endereço _____
Cidade/Estado/CEP _____
Remeter para:

       Consultoria de Aconselhamento
       244 Main Street
       Chatham, NJ 07928

  É claro que o anúncio não contém uma única palavra sobre o valor potencial desse método, no que diz respeito aos pacientes. Não se faz menção à validade terapêutica do programa. A *única* preocupação é com seu valor em relação à "vida financeira de seu consultório". Se o boletim oficial de uma organização profissional de psicologia aceita publicar anúncios desse tipo, que conclusões poderemos tirar do sistema de valores de uma tal organização?
  Na época em que este capítulo estava sendo escrito, conversei com um psiquiatra e ele me contou que atendia pacientes durante

sessenta horas por semana. Atônito, perguntei-lhe por que fazia isso, e ele explicou que queria comprar um apartamento novo. Indaguei se ele achava que conseguiria realizar um trabalho decente e proporcionar a cada paciente o benefício de sua experiência e de sua formação, se tinha energia e capacidade para ajudar seus pacientes seguindo semelhante agenda de trabalho. Ele me encarou, balançou a cabeça e aparentemente intrigado com minhas perguntas, retirou-se.

As convenções nacionais anuais da Associação Americana de Psicologia foram, no passado, encontros vitais e excitantes. Decorriam em meio a sentimentos fortes, intercâmbios intelectuais estimulantes, prolongadas e emocionadas discussões nos saguões, restaurantes e bares dos hotéis onde eram realizados. Havia uma crença profunda na importância e no valor de nosso trabalho. A maioria das pessoas presentes parecia ter cumprido com sucesso o objetivo apregoado por Robert Frost: "Fazer de minha distração a minha vocação".

Isto mudou recentemente. A excitação em grande parte se dissipou. Há muito menos diálogos e discussões profissionais nos saguões e restaurantes. Paira um ar depressivo e um grande silêncio durante os encontros. A paixão que outrora caracterizava essas convenções parece não estar mais presente. Elas se assemelham muito mais a reuniões de corretores de imóveis do que a encontros de pessoas que viam a si mesmas como figuras de proa do futuro. Até mesmo o posto de presidente da Associação, o mais elevado grau que os psicólogos podem conferir a um de seus pares, modificou-se. Nem sempre é outorgado aos membros da Associação que se destacam no campo da teoria e da pesquisa, às figuras proeminentes de sua profissão. Cada vez mais, em anos recentes, esse posto é preenchido por aqueles que serviram durante muito tempo e com fidelidade nos comitês, os "burocratas da psicologia". Como o presidente é eleito pela totalidade dos membros, isso reflete uma profunda mudança nas atitudes dos psicólogos em relação a si mesmos.

Neste livro analisarei em que ponto desandamos, de modo que após cem anos de trabalho dedicado, nosso progresso foi mínimo, nossas revistas são entediantes e, em sua maior parte, inúteis, nossas esperanças esmorecem e caem os níveis de nossa energia, à medida que aumentam os rendimentos e o número de novos psicólogos. Pretendo demonstrar, além disso, que o problema pode ser resolvido; que se enxergarmos com clareza nosso erro teórico básico, teremos condições de corrigi-lo e de firmar uma ciência humana que se expanda cada vez mais e seja frutífera, útil e *excitante*.

2

LOCALIZANDO O DESVIO DE ROTA

Não resta a menor dúvida de que os psicólogos se preocupam com quem são e para onde vão, a exemplo do que ocorre com os membros de qualquer outra profissão. Suas crises de identidade são tão freqüentes e profundas quanto as dos romancistas e dos físicos atômicos. No início da década de 50, sua organização profissional, a Associação Americana de Psicologia encomendou a seu líder teórico, Sigmund Koch, um estudo intensivo, de longa duração, sobre o estado em que se encontrava esse campo. Onde se situava a psicologia, naquele momento? O que estava ela fazendo e o que tinha realizado? A investigação atualmente se acha compilada em seis fartos volumes. Koch resume a situação em um parágrafo melancólico e brutal:

"Embora um esforço maciço, que se estendeu por um século, com o objetivo de erigir uma disciplina dedicada ao estudo positivo do homem, tenha, aqui e lá, revelado um fato pertinente ou acendido uma fagulha no campo da percepção, tais 'vitórias' tiveram um relacionamento aventuroso com os programas que, segundo se acreditava, as inspiravam, e os resultados globais, ao longo do tempo, são preponderantemente contrabalançados pela messe de pseudoconhecimentos que, a esta altura, foram obtidos."[1]

Koch não está sozinho nessa deprimente avaliação. Ao escrever para o boletim interno da Associação Americana de Psicologia, há

21

alguns anos, D. O. Hebb, um de nossos mais destacados e produtivos psicólogos, fez a seguinte colocação:

> "É ao mundo literário e não ao mundo da ciência psicológica que nos endereçamos para aprender como viver entre pessoas, como fazer amor, como não fazer inimigos; e para descobrir o que o pesar provoca nas pessoas, ou o estoicismo que é possível para suportar a dor, ou como se tem sorte, quando se morre com dignidade; ver como são corrosivos os efeitos do ciúme ou como o poder corrompe ou não corrompe. Para esse conhecimento e essa compreensão da espécie humana, não busque em meu *Manual de Psicologia*... busque em *O Rei Lear, Otelo* e *Hamlet*. Como complemento a William James leia Henry James, Jane Austen e Mark Twain. Essas pessoas nos contam coisas que não se encontram no programa da ciência."[2]

Seria fácil apresentar outros exemplos e citações do mesmo caráter. Já em 1890 Wilhelm Dilthey, o filósofo psiquiatra, escreveu: "Estamos cansados de ouvir que existe mais psicologia em *Macbeth* do que em todos os manuais de psicologia." Dilthey propunha então uma atitude a ser tomada; abordarei as soluções por ele sugeridas, com as quais muito aprendi, nos capítulos 9 e 10. Desde sua época até nossos dias, o mesmo lamento se faz ouvir. E agora o relatório oficial sobre a psicologia, realizado por Koch, extensa e intensamente, examinado por nós, chega à mesma conclusão.

Como é possível que após tanta dedicação ao trabalho tenhamos produzido tão pouco? Se a montanha partejar por mais de cem anos e mesmo assim dá à luz um ratinho, é melhor que ela comece a se fazer algumas perguntas.

Se examinarmos os anos de formação da psicologia moderna, no final do século XIX, quando a nova profissão nascia e passava por seus primeiros anos de desenvolvimento, podemos perceber quase imediatamente quais eram as grandes influências que se exerciam sobre seu caráter e sua personalidade. A psicologia desenvolveu-se em uma família e em uma cultura e isso moldou, para o melhor e para o pior, o modo como ela cresceu e aquilo que ela se tornou (é como se, no presente, tentássemos praticar uma terapia de longo prazo devido aos desvios de personalidade que surgiram naqueles remotos dias, quando ela se fez presente. Afinal de contas, ninguém melhor que um membro da profissão dos psicólogos sabe como são profundos e duradouros os efeitos das primeiras influências sobre a percepção e o comportamento futuros).

A família em que a psicologia se desenvolveu era o ambiente universitário. Ela, com toda a certeza, era o membro caçula. No final do século XIX as outras disciplinas já eram adultas, tinham *status* e realizações próprias, ao passo que a psicologia ainda precisava conquistar seus galardões. Além do mais, todas essas disciplinas tinham espaços individuais, departamentos separados com seus próprios diretores, cuja posição era tão elevada quanto possível no que dizia respeito ao prestígio, ao poder e ao salário, no campo profissional e educacional da universidade. A psicologia, no entanto, se viu forçada a coabitar e permanecer sujeita à autoridade da filosofia. Os psicólogos eram os caçulas que gozavam de prestígio muito baixo no seio da família universitária.

Os membros mais bem-sucedidos da universidade eram os departamentos de física e de química, novos, ativos e efervescentes. Os dois membros mais velhos se desligaram da filosofia havia alguns anos e agora eram os departamentos que apresentavam o mais rápido crescimento. Se novas edificações fossem levantadas no espaço da universidade, o mais provável é que elas abrigariam esses departamentos.

Nos anos de formação da psicologia, tais departamentos não apenas gozavam do *status* mais elevado na universidade, mas também na comunidade em geral e no plano da cultura. A *ciência*, conceito que se referia basicamente à química e à física, estava transformando o mundo ocidental e sua história era escrita a cada semana nos suplementos dominicais dos jornais. Novas maravilhas surgiam a cada dia e aquilo que, em determinado ano, era considerado feitiçaria, daí a trinta anos tornava-se lugar-comum, entendido até por alunos do curso primário. A cultura preocupava-se com os homens de avental branco e com os laboratórios, para que eles resolvessem todos os males da condição humana e nos salvassem da pobreza, da fome, dos trabalhos estafantes, do frio e das trevas. Segundo Henry Adams, na virada do século, o culto ao dínamo substituíra o culto à Virgem.

Semelhante fé nas novas ciências parecia justificada. Para onde quer que o olhar se dirigisse, das ferrovias às cirurgias indolores, do telescópio e o microscópio ao telégrafo, poderes que a humanidade vislumbrara apenas nas lendas e dos quais se relatavam histórias ao pé da fogueira, à noite, agora pareciam nos ser dados pelos novos cientistas. O sentimento geral era de que as botas de sete léguas, as asas de Dédalo e o elixir da longa vida seriam postos a nosso alcance a qualquer dia, pelos homens que atuavam nos laboratórios, manufaturados nas novas fábricas cuja existência eles possibilitaram. Era uma época de esperança e de novos profetas. Esses profetas eram os físicos e os químicos.

Aos sérios psicólogos das universidades, que procuravam definir e fazer uma nova ciência, uma ciência de seres humanos, parecia claro que os cientistas que se dedicavam à física estavam na pista certa. Além disso, parecia-nos que as coisas mais essenciais com que eles contavam, o fator responsável por seu grande sucesso e sua capacidade de resolver problemas difíceis e complexos era seu método. O século XVII e Descartes proporcionaram-lhes um método de trabalho, como cientistas; o século XVIII refinou e desenvolveu esse método, e o século XIX empregou-o em toda a sua amplitude, com o enorme sucesso que todos presenciaram. O método da ciência fora encontrado, sua correção e validez foram demonstradas através dos resultados produzidos. Tudo o que nos restava a fazer era recorrer ao método e aplicá-lo ao estudo dos seres humanos. Ao seguir os métodos das ciências físicas, faríamos pela consciência e pelo comportamento humano o que a física havia feito em favor da matéria e da energia. Aprenderíamos o suficiente para que pudéssemos colocar sob controle as piores facetas do comportamento humano, liberando a personalidade para que ela atingisse novas e gloriosas alturas.

Não ocorreu à maioria de nós que, talvez, diferentes áreas de estudo, diferentes domínios da experiência pudessem necessitar de diferentes *tipos* de ciência, e que o método da física não fosse aplicável ao estudo do comportamento e da consciência humana.

O fato de nosso campo de estudo ter permitido a observação de fatores tais como a autoconsciência e a determinação, que não existiam no domínio da experiência estudado pelos físicos, talvez devessem ter nos oferecido algumas indicações necessárias de um método científico diferente dos deles. Com efeito, alguns estudiosos do problema — Ernest Rénan, Dilthey e Wilhelm Windelband — tinham desenvolvido a teoria de um método para *A Ciência Humana*, muito diferente do método para a *Ciência da Natureza*, adotado pelos físicos. Na virada do século isso era amplamente conhecido e discutido nos departamentos de filosofia, onde a psicologia então habitava. No entanto nós, os psicólogos, bem como o restante da sociedade ocidental, estávamos de tal modo impressionados com o progresso das ciências naturais que prestávamos pouca atenção a esse fato. Por outro lado, as culturas da Europa e dos Estados Unidos tinham chegado à conclusão de que aqueles que empregavam o método das ciências naturais eram "sagazes" e os que não o faziam tinham "miolo mole". (William James disse certa vez que nos Estados Unidos as pessoas se dividiam entre as que tinham "sangue quente" e as que tinham "sangue de barata".) A sabedoria convencional proclamava que apenas os sagazes e de sangue quente seriam capazes de realizar progressos. Como participantes da cultura, nós, os psicólogos, também acreditávamos nisso. Como desejávamos realizar progressos, o que significava sermos sagazes e assemelharmo-nos aos físicos, optamos por seguir seus métodos. Isso foi posto em prática a tal ponto que Sigmund Koch pôde proclamar, sem exageros:

"A história da psicologia, portanto, é em boa parte a história da modificação de opiniões, doutrinas e imagens, em relação àquilo que se deve emular nas ciências naturais, especialmente a física."[3]

Um método é muito mais que uma técnica específica. Ele envolve pressupostos científicos de como realizar progressos. Essas idéias básicas são muito mais importantes do que as técnicas que se desenvolvem a partir delas. As técnicas se modificam com o tempo; as idéias por trás delas são muito mais obstinadas e resistem à mudança. Hoje, os engenheiros mecânicos usam pouco as réguas de cálculo (está se tornando difícil encontrá-las, a não ser em lojas de antigüidades, onde se podem adquirir ábacos). Em vez disso, recorrem a calculadoras de bolso. Mas as idéias que estão por trás das réguas de cálculo e das calculadoras são as mesmas e os motivos pelos quais as empregamos permanecem idênticos. Nós, do campo da psicologia, não poderíamos recorrer a técnicas específicas, próprias do campo das ciências físicas, pois tínhamos pouco uso para seus espectroscópios e voltímetros, mas utilizamos as idéias básicas contidas no método das ciências físicas, empregando-as como idéias básicas de uma ciência que nos pertence. Em relação a isso, existem cinco conceitos básicos, e mesmo sem examiná-los detidamente (e mesmo verbalizá-los raramente) construímos a psicologia moderna a partir deles. Eu os exporei brevemente e os discutirei com maior amplitude nos próximos capítulos.

Discutirei em seguida como seria e o que poderia realizar um método científico destinado a estudar a consciência e o comportamento humanos, em oposição àquele método empregado habitualmente pela psicologia, que tem o propósito de estudar objetos inanimados.

Os cinco conceitos básicos que tomamos emprestado da física do século XIX são os seguintes:

- o conceito do método correto de se formar especialistas;
- o conceito do valor do laboratório;
- o conceito de que tudo é quantitativo e previsível;
- o conceito de que se pode elaborar uma metáfora de tudo aquilo que; estamos estudando; e
- o conceito de que Deus é um engenheiro.

Esses cinco pressuspostos não são verbalizados com freqüência nos recintos da psicologia acadêmica, onde os atuais praticantes desse campo receberam sua formação e os futuros psicólogos agora se submetem a seus cursos e ritos de iniciação. Se as premissas forem formuladas com clareza, reagiremos a muitas delas por meio da observação: "É claro que isso é verdade apenas em parte" ou "Isso era verdade, porém não é mais. Por que vocês insistem em açoitar um cavalo morto?" Arthur Koestler, o profundo explorador da condição humana, escreveu um artigo sobre a S.P.C.C.M. — a Sociedade para a Prevenção da Crueldade contra Cavalos Mortos — no qual demonstra a amplitude com que essa abordagem é usada em todos os campos da ciência, da política e da cultura, com a finalidade de impedir que as questões básicas sejam enfrentadas e os progressos realizados.[4]

Seja qual fora a resposta, basta pegar ao acaso doze revistas especializadas em psicologia ou perambular pelos recintos de um moderno departamento de psicologia de uma universidade, bem como assistir a conferências e participar de debates, para perceber que tais pressupostos não só continuam sendo amplamente aceitos, como são os alicerces sobre os quais se assenta todo nosso campo. Como todos nós sabemos nos dias de hoje, são as conjecturas não verbalizadas que exercem o maior poder sobre nós. Ao esboçá-las aqui, aprofundando-as nos próximos capítulos, espero fazer com que sejam aceitas cada vez menos sem uma avaliação cuidadosa. Somente depois que um determinado padrão de comportamento se tornou consciente é que podemos decidir se queremos ou não continuar a adotá-lo. Tais pressupostos não foram, conscientemente, levados em consideração a maior parte do tempo, mas agimos como se estivéssemos convencidos de que são verdadeiros. Eles paralisaram quase que completamente e levantaram obstáculos ao crescimento de uma das grandes esperanças da humanidade. Um antigo provérbio ianque diz que: "Não é o que a gente desconhece que faz mal, mas o que a gente conhece é que nos fere."

3

COMO FORMAR ESPECIALISTAS

Uma das grandes invenções do século XVIII foi a noção de que se alcança maior compreensão de uma determinada área formando pessoas que nela se especializam, dando um enfoque bem limitado ao seu estudo e concentrando tempo e esforços. À medida que o campo de estudos se tornava cada mais vez mais limitado e estreito, mais se penetrava nele e mais se caminhava em direção a uma compreensão cada vez mais profunda.

Essa postura pareceu funcionar durante os séculos XVIII e XIX. Ela refletia (e foi intensificada) no modo como os departamentos das universidades se especializaram cada vez mais. O Departamento de Ciências Naturais, por exemplo, subdividiu-se em departamentos de física, química, geologia, e assim por diante, *ad infinitum*. A antiga definição bem-humorada do especialista como "alguém que sabe cada vez mais a respeito de cada vez menos, até saber quase tudo a respeito de quase nada" parecia, a cada ano, aproximar-se muito da verdade.

Semelhante abordagem funciona até certo ponto nas ciências físicas e biológicas, embora seu valor seja, geralmente, mais aparente do que real. Ela propiciou uma boa formação para muitos dos que realizam um trabalho detalhista, que se entregam às investigações cotidianas e obtêm os pequenos avanços que acabam tornando possíveis as grandes mudanças conceituais. No entanto, esse tipo de formação não era eficiente, até mesmo nessas ciências, para os que, na realidade, alcançavam os maiores avanços, que ajudavam seu campo de estudos a perceber os dados de novas maneiras.

As figuras de proa da física e da química, as que deram os grandes passos e modificaram o mundo, Einsteins, Plancks e Bohrs, eram homens da Renascença, cujos interesses eram muito amplos. Na famosa Conferência de Copenhague, realizada em 1932, por exemplo, quando uma visão mais abrangente da realidade no campo da física foi esmiuçada, e da qual participaram os grandes nomes da física, estavam presentes também inúmeros talentos musicais, com a necessária formação para compor uma orquestra de primeira linha. Além deles, havia também vários talentos no campo da dramaturgia, de modo que foi escrita uma peça sobre a conferência à medida que esta se realizava. Fez-se uma leitura dramática do texto que, ao que parece, foi encenado.

Entretanto, por mais que a técnica de delimitar e enfocar determinado campo de investigação funcione para especialistas de outras áreas, de modo algum ela é bem-sucedida quando se trata de intensificar nossa compreensão dos seres humanos, cujo comportamento e consciência não são divisíveis em partes que possam ser estudadas separadamente. Em nossos manuais poderemos encontrar capítulos distintos que, seguindo uma tradição multissecular, discutem separadamente "o pensamento", "os sentimentos" e "a vontade", mas estudar cada um deles de per si é quase tão útil e realista quanto estudar a resistência de um metal sem discutir sua temperatura. Os seres humanos funcionam como um todo em um entorno interpessoal e físico e não podem ser compreendidos sem que se recorra ao entendimento desse entorno. Se aquele grande estudioso do comportamento dos símios, Wolfgang Köhler, podia afirmar que "um chimpanzé solitário não é um chimpanzé", em se tratando de um ser humano, quão maior será a verdade dessa colocação!

Aqueles que nos ajudaram a realizar avanços reais na psicologia certamente tinham conhecimento disso, sabiam que é uma visão cada vez mais ampla que nos leva a uma compreensão da consciência e do comportamento humanos, e não o contrário. Certa vez perguntaram a Freud quais eram os três maiores psicólogos que já existiram. Ele respondeu que Dostoievsky era o primeiro e Goethe o segundo ("Quanto ao terceiro", prosseguiu Freud, "a modéstia me impede de revelar!").

A soma da compreensão e da comunicação que podemos estabelecer com uma pessoa em uma interação recíproca depende em grande parte da riqueza e da amplitude da experiência que podemos trazer para o relacionamento. Quando um paciente nos fala de sua experiência com pensamentos de assassinato, nossa compreensão será muito mais profunda se trouxermos para a situação nossa própria experiência com nossos pensamentos de assassinato (e esse é um dos motivos pelo qual uma terapia prolongada e séria é *essencial*, caso alguém queira ser um psicoterapeuta, pois só assim podemos introduzir nossa própria experiência em nosso trabalho), e aprendermos também o que é esse tipo de sentimento em personagens como Iago, Clitemnestra e Raskolnikov. Se nosso paciente nos falar de amor, nossa compreensão será maior se tivermos aprendido não apenas com nossa própria capacidade de amar, mas também com Ana Karenina, Elizabeth Barrett Browning e com os sonetos de Shakespeare.

Uma formação muito ampla é importante se, caso desejarmos ser psicólogos, nos "encontrarmos", "compreendermos" e "nos comunicarmos" com outras pessoas. Quanto mais aprendo, em relação à consciência e ao comportamento humano em suas formas tão variadas, mais probabilidades terei de compreender um determinado "outro". Se vivenciei o príncipe Mishkin através do gênio de Dostoievsky, é mais provável que eu *conheça* a experiência de certo paciente que se esforça em despertar para algo que ele ainda não compreende, mas que sabe estar incluído em seu potencial, o que, possivelmente, não aconteceria, se eu não tivesse lido *O Idiota*. Se eu for sensibilizado por *Die Wintereise*, de Schubert, estarei muito mais capacitado para compreender a tristeza presente na experiência de outra pessoa. Se conheci e ouvi Sócrates através do amor que Platão sentia por ele, provavelmente terei mais condições de entender aquele Ilyosha Karamazov, nativo de Nova York, que me diz que é melhor sofrer uma injustiça do que cometê-la.

Assim como um telegrafista capacitado ouve os mesmos sons em *staccato* que eu ouço e, graças a sua experiência, tem um encontro com outro ser humano, ouve-o e não duvida desse encontro, portanto, quanto mais formação e mais experiências eu tiver, maiores serão as probabilidades de encontrar-me com outra pessoa, de escutá-la através dos sinais confusos que ela emite.

De modo a organizar nosso conhecimento e ter a capacidade de usá-lo como terapeuta, precisamos também conhecer Freud, Sylvano Arieti e Carl Rogers. Isso é essencial, mas está longe de bastar. A tarefa de um terapeuta consiste em crescer constantemente, em expandir sua experiência e sua alma, de tal modo que não só possa proporcionar cada vez mais aportes a seus pacientes, mas também lhes possa dizer: "Ajam como eu ajo", ou "expressem-se como eu me expresso". Ensinamos por meio do exemplo, da maneira mais profunda. Se um terapeuta quer que seus pacientes cresçam, ele próprio deve se empenhar constantemente para crescer. Deve entender o significado do que Mestre Eckhart queria dizer, no século XIV, ao escrever estas linhas:

> "Não existe, não, um ponto de parada neste mundo. Ele jamais existiu para qualquer homem, por maior que seja a distância por ele percorrida em sua trajetória. Portanto, acima de tudo, estai sempre preparados para as dádivas de Deus e aguardai sempre as novas dádivas. Lembrai-vos sempre de que Deus está cem vezes mais pronto para dar do que vós para receber!"

Para compreender o *significado* e o *tom* da experiência de nossos pacientes necessitamos de Shakespeare, Schubert, Picasso e Rilke. Para entender a *estrutura* dessas experiências e como as reações a elas podem ser modificadas, precisamos de Freud e Jung, Otto Rank e Alfred Adler, Harry Stack Sullivan e Adolph Meyer, Karl Menninger e Victor Frankl.

O psicólogo William McDougal acreditava firmemente que a psicologia necessitava de recursos de maturidade, sensibilidade e conhecimento de tal monta que seria pouco adequado dedicar-se ao ensino em nível de uma faculdade. Embora muitos de nós talvez não se entreguem a tais extremos, com toda a certeza há algo a ser ponderado nessa colocação.

A meta da formação em psicologia, aquilo que realmente desejamos ensinar a nossos alunos, é compreender como o caráter e a personalidade se desenvolvem, modificam-se, crescem, como os temas e as partes de um indivíduo avolumam-se, retrocedem e formam padrões harmoniosos e desarmoniosos, como diferentes maneiras de ser reagem a diferentes padrões ambientais. Nessas áreas nós, humanos, muito aprendemos. Shakespeare sabia mais que Homero, e Arthur Miller sabe de coisas ignoradas por Shakespeare — por exemplo, o efeito da cultura sobre o desenvolvimento da personalidade. No entanto, ainda há muito mais a aprender e nossa esperança é que nossos alunos continuem a progredir na compreensão do que significa o ser humano. No entanto, para agir assim, eles precisam concentrar-se na pessoa em sua totalidade, na riqueza e complexidade do ser humano, precisam orientar-se tanto por Tolstoi quanto por B. F. Skinner.

A primeira terapeuta que me supervisionou era uma psiquiatra de sólida formação e muitíssimo culta, chamada Marthe Gassmann. Durante uma sessão, depois de supervisionar-me por vários meses, ela perguntou: "Muito bem, Larry, já não está na hora de começarmos a instruí-lo?" Fiquei melindrado com essa observação e resmunguei que um doutorado na Universidade de Chicago alguma coisa devia significar. Ela respondeu (e até hoje lembro-me de suas palavras): "Ah, sim, você conhece muito bem a maior parte do que é importante nos manuais de psicologia e psiquiatria. Sabe a nomenclatura e os modelos teóricos de Freud, de Jung, em que eles se assemelham e em que se diferenciam. Sabe como refletir sobre os sentimentos e como interpretar os sonhos. No entanto, o que existe de melhor na raça humana há milhares de anos, tem sido tentar entender o que significa ser humano e pertencer à condição humana. Essas pessoas não sim escreveram manuais, mas sim contos e peças de teatro, compuseram música e pintaram quadros. Em relação a essas coisas você é ignorante. Sim, conhece e ama a poesia, o que é um bom começo. No campo da psicoterapia você é um mecânico bastante competente, mas precisa decidir se quer se tornar um mecânico ainda melhor ou ser um terapeuta."

Fiquei emburrado durante alguns momentos e, então, admiti que preferiria tornar-me terapeuta. Ela sorriu e observou: "Achei que você diria isso". Em seguida entregou-me uma lista de leituras. Guardo-a até hoje. Dela constam *A República*, de Platão, *O Paraíso Perdido* e alguns textos de Carlyle; observar certos quadros do acervo do Metropolitan Museum of Art, de Nova York e ouvir determinadas músicas. Mais tarde, ela me deu outras listas de leitura. Atualmente, tenho uma compreensão suficiente de suas intenções e o ímpeto suficiente para prosseguir por mim mesmo.

A partir dessa experiência aprendi muito sobre o significado das colocações de Marthe Gassmann. Não encaminharei um paciente a um psicoterapeuta, a menos que este tenha familiaridade com pelo menos outra abordagem da condição humana além da que está contida na literatura profissional. O terapeuta não precisa ser compositor ou músico, mas deve compreender e ser profundamente receptivo à música clássica; não tem de ser dramaturgo ou ator, contanto que exista compreensão e receptividade aos grandes ensinamentos do teatro. Isso também é válido para a pintura, teologia e filosofia.

Embora tal idéia tenha sido compreendida e aceita pelas figuras exponenciais do campo clínico da psicologia e da psiquiatria, por Freud, Jung, Adler, Kurt Goldstein, Andreas Angyal e outros, é freqüentemente esquecida em nossos habituais desleixos. A psiquiatria forma terapeutas que conhecem uma única abordagem dos seres humanos, e que freqüentemente não vai além de um diagnóstico formal e medicação química adequada. Os assistentes sociais muitas vezes conhecem apenas a "reflexão" ou os conceitos psicanalíticos. Os psicólogos podem conhecer apenas a Análise Transacional ou as técnicas da Gestalt, ou então outra abordagem. Muitos deles abrem consultórios e ganham dinheiro, fazendo-se passar por terapeutas. Normalmente, tiveram muito pouca formação, não se submeteram a uma psicoterapia pessoal e foram supervisionados unicamente por membros da própria escola.

Infelizmente, a situação, com grande freqüência, é muito pior. Lembro-me que em meados da década de 70 eu estava em um ônibus, após uma reunião profissional, e sentei-me ao lado de uma mulher encantadora que exercia a psicoterapia em período integral, em seu consultório, e que recebera licença para clinicar em seu estado natal. Tinha diploma de mestrado e, quando a questionei, respondeu, sem o menor constrangimento, que jamais lera um livro completo de Freud, Rogers, Rank, Jung, Goldstein ou Adler, ou de quaisquer outros pensadores sérios da área, até onde me foi possível constatar. Além do mais, jamais se submetera a uma psicoterapia individual ou passara por uma supervisão, mas freqüentara numerosos *workshops* de fins de semana no Esalen Institute e outros lugares semelhantes. Escrevera um livro sobre como se masturbar, o que, aliás, me pareceu um tanto engraçado (perguntei-lhe: "Qual é seu comentário, após declarar que um lubrificante pode ser útil nesses casos?"). Ela, porém, levava sua obra muito a sério. Se, no futuro, a psicoterapia for considerada como o grande embuste do século, isso se deverá às pessoas a quem concedemos a permissão de praticá-la.

No campo da psicologia acadêmica, a formação é tão estreita quanto no campo clínico. Na psicologia acadêmica formamos as pessoas de acordo com uma ótica acanhada, provinciana, desvitalizada, repleta de estatísticas que tornam ainda mais áridos nossos conceitos sobre o significado de ser humano. Então esperamos que essas pessoas contribuam para que compreendamos os problemas de viver conosco mesmos e uns com os outros, de entendermos por que não conseguimos parar de nos prejudicar, de nos matarmos uns aos outros, de envenenar o único planeta de que dispomos. Os psicólogos acadêmicos sem dúvida parecem estar decididos a ter tão pouco a ver com a vida real quanto é possível. Se não conseguirem substituir pessoas por ratos brancos, farão um esforço decidido para substituí-las por computadores. Podemos perguntar, com todo o direito, o que o rato e o computador estão fazendo em um laboratório de psicologia, o que eles têm a ver com as alegrias e os pesares inerentes ao fato de sermos humanos. Arthur Koestler escreveu o seguinte, a respeito de dois dos mais destacados psicólogos acadêmicos:

> "Ambos (Watson e Skinner) estão engajados em questionar e solicitar em uma escala heróica, aparentemente dominados por um ímpeto quase fanático de negar a todo custo a humanidade do homem e a 'raticidade' do rato.[1]

Um problema relevante, quando se trata de modificar a formação de nossos psicólogos, é o fato de que as pessoas encarregadas da atual formação são, elas próprias, os juízes do quanto os resultados de sua atividade são "bons" e "bem-sucedidos". São elas que oferecem cargos docentes nas universidades, que dão cartas de recomendação, que decidem conceder títulos e assim por diante. William James, em um contexto semelhante, escreveu: "Nenhum sacerdócio jamais procede a suas próprias reformas". E assim prosseguimos com o antigo modelo na formação dos psicólogos, irrelevante para os problemas reais da vida humana.

> "*O modelo básico*, fundamental para a formação de todos os psicólogos, independentemente da área de interesse do aluno e sobretudo de seus talentos e predisposições específicas, é simples o suficiente para ser identificado... trata-se do *cientista que se dedica à pesquisa experimental*. Os estudantes não só contam com este modelo como a essência do planejamento de seu currículo, mas ele também serve para avaliar os julgamentos que recebem durante sua formação e por ocasião de seu mestrado e doutorado. Assim, passam por uma formação intensiva, que os leva a acreditar que 'apenas tipos convencionais de pesquisa é que valem a pena.'"[2]

Se os currículos universitários dessem ênfase aos cientistas engajados na pesquisa, equipados e orientados para nos ajudar a conhecer melhor os seres humanos, auxiliando-nos a enxergar com maior profundidade os grandes e terríveis problemas com que nos defrontamos, ninguém se oporia a essa posição. A questão, contudo, é que a formação atual erige os cientistas pesquisadores em modelos ideais para se trabalhar os aspectos secundários da física do século XIX. Diplomamos pessoas que sabem como pesquisar coisas que podem ser vistas e tocadas, quantificadas e descritas por meio de cifras, que se adequam ao modelo mecânico tão bem ilustrado pela máquina a vapor. Como o comportamento e a consciência não se encaixam em nenhuma dessas categorias, eles só podem estudar os aspectos menores e mais triviais da humanidade, porém o fazem com precisão muito grande e com notável rigor. Poucos dentre eles parecem conhecer a máxima científica que Graham Bennette, diretor do Conselho Britânico do Câncer, costumava afixar na parede de sua sala de trabalho: "SE NÃO VALE A PENA REALIZAR DETERMINADA EXPERIÊNCIA, NÃO VALERÁ A PENA REALIZÁ-LA COM EFICIÊNCIA".

William James sabia muito bem em que direção a psicologia acadêmica enveredava e o que estava acontecendo nesse campo. Embora lutasse contra esse fato, era sensato demais para negá-lo. Quando, após muita solicitação por parte de seus editores para que condensasse em um volume sua obra clássica, *Principles of Psychology*, originalmente publicada em dois volumes, ele concordou, mas escreveu à pessoa responsável pela organização da edição:

> "Ao acrescentar algumas bobagens a respeito dos sentidos, ao deixar de fora toda a polêmica e toda a história, toda a bibliografia e todos os detalhes experimentais, todas as sutilezas e digressões metafísicas, todo o humor e toda a tragédia, em resumo, todo o interesse, e ao usar o negrito para todo o início de parágrafos, creio haver produzido um tomo de pedagogia clássica que enriquecerá vocês e a mim, mas não a mente do estudioso."[3]

Não somos apenas nós que temos formado psicólogos acadêmicos para que se distanciem tanto quanto possível da intensidade e do significado da vida, de sua *realidade*. A situação é a mesma na Inglaterra. O psicólogo Lian Hudson descreveu muito bem os anos que passou nos departamentos de psicologia de Oxford e Cambridge, na década de 50:

> "A psicologia experimental, em Oxford, tinha, naquela época, muita coisa em comum com a filosofia analítica... Qualquer explicação que oferecêssemos, qualquer teoria que postulássemos, qualquer resultado que descrevêssemos precisava ser definido operacionalmente, em termos de acréscimo e decréscimo, estímulo e resposta. Devíamos praticar a ciência exatamente da maneira como o químico e o físico a praticavam. Nossos experimentos, a exemplo dos deles, tinham de ser um trabalho que qualquer estranho tecnicamente competente pudesse repetir. Em salas empoeiradas, pouco asseadas (e apenas os psicólogos experimentais conseguem deixá-las nesse estado), classificávamos fichas, observávamos luzes que piscavam, acionávamos dispositivos e, uma vez ou outra, contemplávamos os ratos perambularem desconsoladamente por labirintos medíocres. Nada descobríamos que tivesse muito interesse, quer em relação a ratos ou a nós, e jamais foi sugerido que isso pudesse acontecer. Nossa maior ambição era refutar uma teoria; caso fracassássemos em nosso intento, não podíamos dar a ela apoio incondicional. Qualquer idéia no sentido de que estávamos lá para desvendar os mistérios da mente humana e mergulhar nas profundezas da psique teria sido acolhida com constrangimento, um constrangimento que se transforma em escárnio e, finalmente, em desprezo. Assim como um homem em uma ilha deserta era considerado alguém que deveria iluminar a ordem moral, achava-se que um rato, um macaco ou um aluno que acionasse um determinado dispositivo iluminaria o cérebro...
>
> Tais pressupostos em relação à pesquisa raramente eram discutidos e, até onde me lembro, jamais eram examinados criticamente. Des-

providas de articulação, apoiando esses pressupostos, havia certas crenças mais difusas em relação ao próprio conhecimento... o conceito de que a ciência é constituída quando se empilha um fato sobre outro; uma fé quase religiosa na idéia do estímulo e da resposta; uma desconfiança de teorias que não fossem precisas e o fossem em pequena escala; um desprezo pelas ciências sociais e a desconsideração por qualquer processo social ou cultural; evitava-se qualquer pesquisa em torno de sentimentos ou experiências pessoais; havia um gosto pela metáfora mecânica e eletrônica. Acima de tudo, acreditávamos na 'objetividade'".[4]

As descrições de Hudson não soarão estranhas ao estudante de padrão médio, que está para se formar ou já se formou nos departamentos de psicologia de nossos dias. A pergunta mais provável que eles formulariam seria: "Por que ele parece ser tão crítico em relação a essas idéias? Afinal de contas, a psicologia consiste nisso".

O fato de a coisa ser assim e o estudante reagir à formação que recebeu para encarar a psicologia é algo deprimente. O estudante inscreve-se na universidade depositando grande fé no curso introdutório de psicologia, com vontade de entender a condição humana. Decorridos três anos, ele aprendeu que distinguir entre teorias sobre o efeito figural posterior (uma pequena anomalia do olho) ou a mensuração dos exatos limites da constância da cor (outra anomalia menor) é o que há de importante no ofício do psicólogo. Nossa capacidade de modificar em poucos anos os pontos de vista dos estudantes é, com efeito, maravilhosa. Essa capacidade é auxiliada pela estética de um trabalho preciso, desenvolvido em pequena escala. Quando eu fazia ratos correrem por labirintos, lembro-me da correção das colunas de cifras que eu registrava, da satisfação que isso me proporcionava, enquanto media com exatidão o tempo em que os animaizinhos hesitavam para chegar a pontos demarcados, quando então eu correlacionava esse tempo com a seleção de uma escolha correta ou errada. No final de uma tarde como essa eu me sentia ao mesmo tempo muito científico e esteticamente satisfeito. Passados muitos anos, não me ocorreu que semelhante atividade fosse inútil, desprovida de sentido e não exerceria o menor efeito sobre a vida humana.

Eu, porém, fui um dos que tive sorte, pois fui aluno de um professor maravilhoso, Richard Henneman, especialista em percepção profunda e percepção das formas. Ele me ensinou que não havia uma única maneira de olhar os seres humanos, que todos os sistemas são claudicantes e que qualquer compreensão do que significa ser humano exige numerosos ângulos de abordagem. De acordo com os termos de Wittgenstein, não existe uma fotografia definitiva que possa ser tirada. Podemos, entretanto, escolher uma paisagem e organizar um álbum de vistas que iluminariam verdadeiramente a área de nossa escolha.

Um curso que todos nós éramos obrigados a fazer era o de sistemas e teorias da psicologia. Henneman começava ensinando o behaviorismo como um behaviorista devoto. Demonstrando zelo e paixão, ele dava conta das seis primeiras semanas e, no final, todos nós éramos behavioristas dedicados e convictos. Subitamente ele dava uma guinada e, no decorrer das próximas seis semanas, seus ensinamentos eram os de um gestaltista inteiramente convencido. Seguia-se um período de psicanálise, do personalismo de William Stern e assim por diante. No fim do ano *sabíamos* que existia valor e verdade em todos os sistemas, que nenhum deles tinha um direito exclusivo do território, que nenhum modelo teórico jamais conseguiria abranger aquela coisa complexa e maravilhosa que é o ser humano. Aprendíamos que, por mais ampla que fosse nossa visão, quanto mais pontos de vista teóricos aprendêssemos, mais enriqueceríamos nosso álbum e maiores seriam as contribuições ao nosso trabalho enquanto psicólogos.

Anos mais tarde dei-me conta de que aquilo que se aplicava ao estudo da psicologia acadêmica também se aplicava à psicoterapia. Diferentes pacientes eram mais bem trabalhados a partir de diferentes pontos de vista e não existia uma abordagem terapêutica útil para cada pessoa que me consultasse. Durante esse período assisti a uma conferência na Clínica de Orientação Infantil de Westchester. A conferencista era uma psiquiatra infantil chamada Annina Brandt, criatura encantadora e espirituosa, que, àquela época, devia ter quase 80 anos. Ela falou de como uma criança se sentia, de suas prolongadas reflexões e súbitas mudanças de humor, da necessidade de amor e de como ela percebia as atividades dos adultos, freqüentemente incompreensíveis. Os dirigentes da clínica, cuja orientação obedecia à psicanálise ortodoxa, demonstravam um desconforto cada vez mais pronunciado. Finalmente um deles interrompeu-a: "Dra. Brandt, a que escola a senhora pertence?" Brandt pareceu muito intrigada e hesitou, antes de responder: "Como posso dizer antes de ver a criança?"

Desde então aprendi com minha própria experiência que existem pacientes freudianos, pacientes junguianos, pacientes existencialistas e dezenas de outras variedades. Há pacientes aos quais chamo pelo próprio nome desde a primeira sessão, quando nos tornamos "Joe" e "Larry", pacientes com quem estabeleço um relacionamento formal e após três anos ainda nos chamamos pelos sobrenomes — "sr. Jones" e "dr. LeShan", cumprimentando-nos com um aperto de mão no início e no fim das sessões. E há pacientes que trabalham bem comigo e outros não. (Acredito realmente que um psicoterapeuta honesto encaminhe aos colegas pelo menos um terço dos pacientes que o procuram, com a convicção de que foi contratado para ajudar o paciente a encontrar o que existe de melhor para ele, e o melhor é outro terapeuta com uma personalidade diferente.)

Recordo de uma paciente que muito me ensinou em relação à diferença individual. Era uma mulher encantadora e vital que tinha um melanoma em processo de metástase. No decorrer da sexta sessão, ela perguntou se eu acreditava realmente em tudo o que eu vinha dizendo a ela sobre as diferenças individuais, que cada um descobre sua própria trajetória e seus ritmos de vida. Respondi que achava que sim e ela retrucou: "Mas então por que não ouviu uma só palavra do que eu disse?" Declarei que achava ter ouvido mas que, pelo visto, existia algo de muito importante que me escapara. Se ela repetisse, eu tentaria compreender. A partir de então nosso diálogo prosseguiu mais ou menos assim:

Ela: Com que freqüência você atende um paciente com o tipo de problema que eu tenho?

Eu: Habitualmente duas vezes por semana, e, durante certos períodos, uma vez por semana. Raramente, três vezes por semana.

Ela: Ainda assim é muito rígido. É um verdadeiro leito de Procusto. E cada sessão dura uma hora, não é mesmo?

Eu: É.

Ela: Durante nosso trabalho já mencionei três vezes como é que eu aprendo e você nunca me ouvia. Aprendo coisas novas em períodos de trabalho intenso, seguidos por períodos de repouso. Se você acredita no que diz sobre as diferenças individuais, então trabalharemos da seguinte maneira: eu o verei quatro ou cinco vezes por semana, durante determinado período, e então decidirei se foi suficiente, após o que ficarei sem vir aqui durante um, dois ou três meses. Não me telefone, sou eu quem ligará. Quando eu estiver em condições recomeçaremos nosso trabalho, com mais uma programação intensiva. Você aceita minha proposta ou tudo o que está dizendo é só da boca para fora?

Sem alternativas, eu concordei, sentindo a justeza de suas palavras. Trabalhamos assim durante dois anos e meio; no final ela "se diplomou", sem que o melanoma desse sinais de presença. Passaram-se vinte anos e ela ainda está viva e saudável, vivendo com gosto e prazer.

A partir de então, jamais decidi por antecipação qual seria a programação e a duração do atendimento de um paciente. Fiz algumas averiguações e descobri que não existe uma pesquisa que indique a existência de uma duração "correta" de uma sessão de psicoterapia.

O limite de uma hora foi fixado originalmente por ser a maneira mais conveniente de um terapeuta organizar sua agenda de atendimentos. Mais tarde, muitos terapeutas abreviaram as sessões, reduzindo-as a cinqüenta minutos, pois queriam manter a flexibilidade de suas agendas de modo a descansar dez minutos entre um paciente e outro.* Atendi pacientes durante períodos que iam de vinte minutos a duas horas ou mais. Além disso, cada um tem um *estilo* próprio de usar a sessão, um modo de trabalhar que lhe possibilita beneficiar-se ao máximo da interação com o terapeuta. Alguns se dão bem com uma atividade maior por parte do terapeuta, outros com uma atividade menor. Certa paciente com quem trabalhei saía-se bem quando eu não dizia nada nos vinte minutos iniciais, ouvindo-a relatar como se sentia e o que tinha acontecido desde a última sessão. Outro paciente funcionava muito melhor se os cinco primeiros minutos fossem dedicados apenas a assuntos de ordem geral, política, arte etc., o que permitia um diálogo livre e interativo. Em seguida ele mergulhava fundo no trabalho psicoterapêutico. Havia outros padrões e tenho a certeza de que não fui suficientemente capaz de observar muitos deles. Tento perceber qual é o melhor padrão para cada paciente e procuro segui-lo. Algumas vezes, é claro, em determinados momentos eu interpretarei o padrão para o paciente, exemplificando o modo como ele interage com os demais. Cada pessoa é diferente, e é preciso trabalhar com ela de uma maneira própria; mas se por minha formação eu adotasse apenas uma abordagem e se não tivesse sido orientado por pessoas como Dick Heneman e Marthe Gassmann, além de outras, jamais teria notado esse fato.

Nos campos da ciência em que o profissional trabalha com material não humano, pode ser legítimo que um programa educacional restrinja seu enfoque e concentre o estudo em uma pequena faceta do campo de investigação. Os fatos evidenciam que isso funciona para as pessoas que têm a capacidade de realizar os grandes avanços teóricos — conforme já demonstrei, até nas ciências físicas os maiores avanços foram feitos por cientistas que contavam com uma formação mais ampla e não limitada — mas tal ponto de vista pode, ao menos, ser defendido.

Entretanto, nos campos em que o profissional trabalhará com a consciência e o comportamento humanos, o ponto de vista oposto

---

* Depois de adotar os cinqüenta minutos, alguns psicólogos observaram que o que é válido para fabricantes de confeitos também o era para sua própria profissão, isto é, é possível diminuir a quantidade do produto ao mesmo tempo em que se aumenta o preço, e ainda assim obtém-se um produto vendável. Portanto, eles diminuíram o tempo de duração de cada sessão para 45 minutos e elevaram seus honorários. Ao longo desse procedimento não ocorreu um aumento correspondente na qualidade do produto. Ainda está para se ver qual será o próximo passo dessa seqüência.

é nitidamente verdadeiro. É do conhecimento dos grandes escritores e artistas, que os seres humanos constituem uma tapeçaria variegada e complexa, de muitas cores e tons; fazem parte de uma família, uma cultura, e de uma herança biológica. De alguma maneira cada pessoa se assemelha às demais, ela se parece com membros de uma cultura ou de um grupo menor, ou não se assemelha a ninguém, só consigo si mesma. Portanto, para perceber cada ser — pelo menos no que diz respeito às atividades mais importantes do que a rapidez com que se pisca o olho em reação a uma lufada de ar — é necessário que o psicólogo conte com pontos de vista cada vez mais amplos, pois em todos os momentos o campo da psicologia é afetado e reage aos meandros do ser, sejam eles profundos ou superficiais.

Muitos desses meandros que afetam nossos pacientes — mais uma vez começamos a lidar com as qualidades especificamente humanas — foram estudados com profundidade bem maior pelos romancistas, compositores, poetas e filósofos do que pelo profissional acadêmico ou clínico. Formar psicólogos que não tenham a menor experiência na busca daquilo que "é melhor para a raça humana", que compreendam o que significa ser humano — e dispomos de registros desse significado, ao longo de milhares de anos — é como formar físicos que não tenham nenhuma noção de matemática.

4

O LABORATÓRIO E O MUNDO

Talvez seja uma boa idéia iniciarmos discutindo a hipótese segundo a qual tudo o que existe de importante na ciência pode ser descoberto em laboratório, tomando como exemplo as armadilhas e os perigos de se estudar o comportamento, isso para não falar da consciência, nesse mesmo laboratório.

Grande parte da pesquisa no campo da psicologia, foi realizada com o rato branco. Vamos deixar para um capítulo posterior os motivos desse fato, bem como a discussão da validez de se procurar generalizar a partir dos ratos, transpondo a generalização às pessoas. Simplesmente observemos determinada experiência com o estudo dos ratos, de acordo com os procedimentos tradicionais da psicologia.

Os ratos sempre estiveram presentes nos laboratórios, por serem os psicólogos observadores treinados e interessados. A vida sexual desses animais rapidamente atraiu o olhar desses profissionais. Para surpresa geral, esta mostrou-se bastante atípica entre os mamíferos: é essencialmente ininterrupta e não obedece a nenhum padrão cíclico; é sempre iniciada pelo macho e, geralmente, a fêmea mostra-se indiferente ou resistente — e, por serem bastante antropomórficos quanto a essa questão, ela parece estar sempre entediada.

Tal fenômeno foi repetidamente observado e muitos trabalhos a esse respeito já foram publicados.

Então surgiram os etólogos, que estudam os padrões de comportamento dos animais em condições naturais. Relataram que, no contexto do hábitat natural, o comportamento sexual dos ratos era muito diferente. Obedecia a padrões cíclicos e a iniciativa sempre cabia à fêmea. Ela adotava o procedimento de aproximar-se a uma distância de uns quinze ou vinte centímetros do macho.[1]

As razões para as diferenças entre o comportamento em laboratório e num ambiente natural rapidamente ficaram evidentes. Na gaiola de um laboratório, era impossível para a fêmea afastar-se mais de quinze ou vinte centímetros do macho, pois o espaço era pequenos demais! Do ponto de vista do macho, a fêmea "dava em cima" dele constantemente e, repetindo nosso ponto de vista antropomórfico, para o rato ela era uma ninfomaníaca! O comportamento no laboratório era nitidamente irrelevante se comparado ao comportamento fora dele. Já que a maior parte de nosso trabalho experimental se dá em laboratórios, isso levanta algumas questões muito sérias.

Segundo o biólogo Sir Peter Medawar, há entre aqueles que se interessam pela ciência o sentimento de que, na experimentação, existe algo *essencialmente meritório*. Semelhante atitude teve início com Francis Bacon e, desde então, vem sendo ampliada gradualmente. Observar nossos dados em um estado natural era e é encarado, geralmente, como algo desprovido de cientificidade. Foi esse o motivo que levou um eminente neurofisiólogo a dizer o seguinte, em relação à etologia: "Mas isto consiste apenas em observar passarinhos, não é mesmo?"

Existem lições eloquentes que terão de ser observadas com mais detalhes. Pelo menos uma boa parte do tempo nossos laboratórios apresentam situações altamente artificiais que distorcem seriamente o comportamento e, conseqüentemente, a nossa interpretação dos seres humanos ou de quaisquer outras espécies que estejamos estudando. Além disso, teremos de questionar se os objetos de nossas experiências são adequados a nossas metas.

Marx Wertheimer, o afável e sábio psicólogo alemão que iniciou a revolução da Gestalt em nosso campo e foi professor de Kurt Koffka e de Wolfgang Köhler, emigrou para os Estados Unidos em um momento bastante tardio de sua vida profissional. Estando nesse país há algum tempo, perguntaram-lhe o que mais o impressionava ali. Ele respondeu que era a natureza da população, tão variada e composta por espécies tão diferentes de pessoas. Wertheimer acrescentou que, após ter lido tantas revistas americanas de psicologia, durante vários anos, achava que a população norte-americana fosse constituída exclusivamente de ratos brancos e estudantes universitários.

Enquanto nós, psicólogos, damos uma risada amarela e desconsolada, e reconhecemos, um tanto envergonhados, a pertinência dessa observação, muitas perguntas nos ocorrem. O que estamos fazendo e o que fizemos em nossos laboratórios de psicologia? Que espécie de validez encerram nossos dados? Que tipo de importância eles apresentam?

A ciência dos séculos XVIII e XIX realizou grandes e significativos avanços na compreensão do comportamento de coisas que podiam ser vistas e tocadas. Eram coisas disponíveis ao "acesso público". Todos os humanos que olhavam para elas podiam observá-las e, se olhassem com atenção, observariam as mesmas coisas e as mesmas ocorrências. No estágio em que se encontrava a ciência naqueles séculos, e ao estudar esse tipo de coisas, algo extremamente importante *podia* ser descoberto em um laboratório.

Devido a esses dois fatores — o tipo de coisas que a ciência (na verdade, a física) estudava e o estágio em que essa ciência se encontrava —, aos poucos firmou-se o conceito de que tudo o que houvesse de importante na ciência poderia ser descoberto e validado em um laboratório, caso o pesquisador fosse suficientemente engenhoso e cuidadoso. À medida que a psicologia foi se desenvolvendo e os psicólogos tentavam ser tão "científicos" quanto os físicos, cujo sucesso era notável, esse pressuposto firmou-se como um axioma nessa área e geralmente não era verbalizado. Admitíamos que o trabalho em laboratório é a maneira de aprender, no que se refere à consciência e ao comportamento humano. (Contudo, por mais formalmente que alguém defina a psicologia, se não estivermos tentando aprender em relação à consciência, ao comportamento, ou a ambos, não estaremos trabalhando com a psicologia.)

Há muito vêm sendo suscitadas interrogações a respeito dessa questão, porém prestamos muito pouca atenção a elas. As perguntas provêm, o que é muito eloquente, daquelas áreas da psiquiatria e da psicologia clínica cujos praticantes acreditam claramente que se pode aprender mais sobre a consciência e o comportamento das pessoas em um consultório do que em um laboratório. Entretanto, não se trata de um desafio real, pois o consultório é simplesmente outra forma de laboratório, com muitas das mesmas limitações impostas aos espaços mais tradicionais de pesquisa. O verdadeiro desafio teve origem em nossas próprias fileiras, por parte de psicólogos dedicados à pesquisa, todos conceituados e com boa formação, que fizeram a perturbadora indagação: Podemos aprender *algo* que valha a pena em relação à consciência e ao comportamento humano em um laboratório?[2]

Egon Brunswik, por exemplo, insiste, desde a década de 30, em que o comportamento e o sentimento do indivíduo não podem ser interpretados ou compreendidos, a menos que saibamos descrever como a pessoa percebe e reage ao ambiente no qual eles ocorrem. A "validade ecológica", através da qual cada experiência e cada observação deveriam ser julgadas, foi ignorada. Isso quer dizer que os psicólogos devem ver seus laboratórios como ambientes e *a eles próprios como entidades importantes nesses ambientes*. No entanto, como os físicos e os químicos não precisam se ver dessa maneira, os psicólogos mostraram-se extremamente relutantes em agir assim.

Em 1947, Gardner Murphy enfatizou que o comportamento se manifesta nas interações humanas e, portanto, jamais poderá ser deduzido de desempenhos isolados, relativos à percepção, ao aprendizado, etc., ou da típica situação presente em um laboratório de psicologia.

Roger Barker há muito insistiu naquilo que ele denomina "Cenários do Comportamento" como um dos elementos primordiais ao se projetar uma experiência. O *significado* do indivíduo é parte essencial da definição desse cenário.

O filósofo e educador americano John Dewey colocou a questão da seguinte maneira, em 1899:

"A grande vantagem do laboratório psicofísico é contrabalançada por certos defeitos óbvios. O controle completo das condições, cuja conseqüência é a maior precisão das determinações, exige um isolamento e uma exclusão dos meios habituais de pensamento e de ação que leva a certo distanciamento e conduz facilmente a certa artificialidade."[3]

Essa advertência, feita por ocasião do discurso presidencial de Dewey perante a Associação Americana de Psicologia, em 1899, foi subestimada e abafada. Por mais clara que ela fosse, Dewey não tinha a menor idéia das proporções em que ela se aplicaria daí a um século. Quando a escreveu, havia no mundo apenas meia dúzia ou pouco mais de laboratórios e a tendência de encaminhar para eles todos os estudos no campo da psicologia mal se iniciava. Conforme notou Dewey:

"Quando o resultado do equipamento do laboratório nos informa, por exemplo, que a repetição é o principal fator que influencia a recordação (a memória), devemos ter em mente que semelhante resultado é obtido de um material que não faz sentido, isto é, por meio da exclusão das condições em que ocorre a memória habitual."[4]

Eis aí um excelente exemplo da fatuidade da maioria dos estudos realizados em laboratório. É verdade que tais experiências demonstram que a repetição é o principal fator que afeta aquilo que podemos recordar. É algo que não deixa de ser um fato, nos recessos estéreis dos laboratórios, com sílabas desprovidas de sentido ou palavras emparelhadas na total ausência de padrões. No entanto, quando passamos para a vida real, a questão é inteiramente diversa. Quantas velhas Raskolnikov teria de matar, antes de poder lembrar-se disso por toda a vida? Quantas vezes Keats teve de ler o Homer de Chapman, antes de a leitura provocar nele uma impressão indelével? E, para cada um de nós, com que freqüência nossos pais têm de morrer ou uma criança nascer, para que nos recordemos disso o resto de nossas existências? A maior parte das experiências em laboratório têm tanta relação com as ocorrências da vida real dos seres humanos quanto o comportamento do rato branco na gaiola do laboratório e em seu hábitat natural.

O psiquiatra Erich Fromm expôs a questão da seguinte maneira:

"A psicologia comportamental pode ser uma ciência, mas não é uma ciência do homem. É antes uma ciência do homem alienado, conduzida por meio de métodos alienados, por pesquisadores alienados. Ela pode ter a capacidade de iluminar certos aspectos da natureza humana, mas não toca naquilo que é vital e especificamente humano, a respeito dos seres humanos."[5]

Quando realizamos experiências de laboratório com seres humanos, esquecemo-nos com freqüência que eles podem estar passando por experiências muitíssimo diferentes do que acreditamos ou que nosso procedimento planejou para eles. O filósofo Alfred North Whitehead declara:

"O fato de os homens manifestarem extrema coordenação ao realizar uma ação comum e permanecerem a uma considerável distância uns dos outros, ao se tratar de uma experiência mental, é o mais verdadeiro dos lugares-comuns. A dissolução de sociedades nos negócios, no casamento e na política mostra, com excessiva clareza, que as pessoas podem viver os mesmos acontecimentos, engajar-se nas mesmas tarefas, falar a mesma língua e, ainda assim, sua alienação permanecer completa."[6]

Seria fácil multiplicar exemplos como esse. O que estou afirmando em geral é que o laboratório de psicologia é uma situação artificial, muito afastada da "vida real". Quando um paciente entra em um laboratório de psicologia, ele se afasta de sua cultura e todas as regras e convenções normais são temporariamente descartadas e substituídas por uma única regra: "Faça aquilo que o responsável pela experiência disser, por mais absurdo e desprovido de ética que seja".

Um conjunto de experiências amplamente divulgadas e que ilustram minhas interpretações, foram os estudos realizados por Milgrim.

Neles, mostrava-se a um paciente outro "paciente", que se encontrava em outra sala, amarrado em uma cadeira, com eletrodos ligados a ele. Foi dito ao primeiro paciente que o outro paciente havia se apresentado como voluntário para uma experiência associada ao "aprendizado" (ele não sabia, mas tratava-se de outro experimentador, os eletrodos eram falsos e estavam desligados). Este último tinha de aprender a reagir corretamente a palavras-chaves e, após cada resposta incorreta, o paciente deveria aplicar-lhe um choque elétrico. À medida que iam sendo dadas mais respostas incorretas, os choques aumentavam gradualmente de intensidade, através de um dispositivo que marcava a voltagem.

A experiência não era, na realidade, uma "experiência de aprendizado", mas um estudo para verificar como os pacientes reagiam quando recebessem a ordem de aplicar um choque doloroso em outra pessoa. Quando fosse atingida a marca dos 75 volts, o suposto paciente gemeria baixinho. As reações se modificavam e, na marca dos 150 volts, ele gritaria: "Tirem-me daqui! Não quero mais participar desta experiência. Recuso-me a prosseguir". Ao atingir 350 volts ele berraria com violência e permaneceria em silêncio na marca dos 330 volts. O nível máximo seria de 450 volts.

Solicitou-se a um grupo de 39 psiquiatras que vissem até que ponto da escala chegariam voluntários do corpo discente da Universidade de Yale. Houve um consenso quase geral: apenas quatro por cento chegariam aos 300 volts e apenas uma fração patológica, menos que 1 em 1000, chegaria aos 450 volts.

Na realidade, mais de sessenta por cento dos estudantes de Yale alcançaram essa marca. Na Itália, na África do Sul e na Austrália a porcentagem foi um pouco mais alta. Em Munique a marca foi de 85 por cento.

Embora houvesse muitos embates e discussões para se saber quanto as pessoas submetidas à experiência eram "doentes" e, possivelmente, toda a raça humana, e para avaliar as terríveis implicações disso para o futuro de nossa civilização, uma variável de grande importância foi ignorada nesse estudo e os resultados foram grandemente determinados por ela. É o fato de os participantes da experiência terem sido afastados de seus ambientes normais *antes do início da investigação* e postos em um ambiente muito especial, que tinha regras diferentes. As novas regras eram: "Esqueça seus padrões éticos e suas crenças. Esqueça suas aspirações e seus objetivo de longo prazo. Aqui existe uma única lei e uma única moral: Obedeça a quem está conduzindo a experiência". Ao concordar em serem objeto da experiência, os voluntários concordaram também com essas leis, enquanto estivessem no laboratório. Se a experiência fosse intitulada

"Comportamento em situações extremas" (conforme o famoso escrito sobre os campos de concentração, de autoria de Bruno Bettelheim) e se as interpretações decorressem do título, ninguém teria contestado seus dados.

A verdade disso é demonstrada por outras experiências, onde aos voluntários era permitida uma escolha mais livre. Quando lhes foi dito que poderiam escolher a voltagem dos "choques" administrados, independentemente do número de erros cometidos pelos "pacientes" amarrados, eles escolhiam a voltagem mais baixa. A média era de 54 volts, muito abaixo do nível da primeira reação (gemidos em voz baixa), quando foram atingidos 75 volts. A seqüência dos estudos demonstrou que, por mais que os pacientes se frustrassem e fossem levados a um estado de irritação, eles mantinham o nível baixo e não o aumentavam. Tais estudos apontam para uma interpretação bastante diversa dos estudos de Milgrim. Mostram que se trata de um estudo dos limites do efeito causado ao indivíduo, quando ele se encontra em uma situação de laboratório. Esses limites são muito mais amplos do que nós habitualmente aceitamos.

Entretanto, até que estudos mais aprofundados fossem realizados e demonstrassem a falácia básica das experiências de Milgrim, estava claro que o laboratório tinha demonstrado que o grau de hostilidade e de sadismo em uma população universitária era muito mais alto do que se esperava, acarretando maus presságios para o futuro de nossa espécie. Foi uma conclusão inteiramente falsa, graças ao artificialismo do ambiente do laboratório e não à natureza dos participantes das experiências.

O psicólogo David Bannister afirma o seguinte:

> Para comportarmo-nos como cientistas precisamos construir situações nas quais nossos pacientes... possam se comportar, o máximo possível, como pequenos seres humanos e, agindo assim, podemos nos permitir fazer afirmações sobre a natureza da humanidade deles.[7]

Existem raríssimas situações em que os seres humanos se permitem fazer, com pouca reserva, aquilo que lhes for ordenado. Mas é isso que determinamos em um experimento. O psicólogo Charles Tart assinalou que a tradição predominante na pesquisa da psicologia é o "Paradigma Colonial": sujeitos passivos são manipulados por alguém que realiza a experiência, de modo a se chegar a determinados resultados.

Quando nos encontramos em uma situação em que devemos obedecer a alguém e seguir as regras — por exemplo, no exército, numa prisão ou em algo semelhante —, habitualmente temos a consciência de que estamos nos comportando de maneira atípica e, se estivéssemos livres, nos comportaríamos de modo bastante diverso. O mais estranho é que, embora o voluntário possa estar consciente desse fato em uma experiência psicológica, é raro o realizador da experiência ter consciência semelhante!

É difícil não subestimar o artificialismo e a estreiteza da situação de laboratório. Nele se "esquece", por exemplo, que um dos fatos mais importantes relacionados aos seres humanos é que eles podem se compreender uns aos outros e cooperar mutuamente. Qualquer experiência que lide com o indivíduo em um estado de isolamento, a exemplo do que faz a maior parte delas, é excessivamente acanhada, deformadora e irrelevante, para que possa apresentar validade. É como se tentássemos compreender as leis da economia estudando a situação econômica de uma pessoa que vive sozinha em uma ilha. Karl Popper, filósofo da ciência, colocou nas seguintes palavras:

> "Robinson Crusoe e sua economia individual, isolada, jamais poderá ser um modelo útil para qualquer economia cujos problemas surgem precisamente de uma interação econômica de indivíduos e grupos."[8]

E, no entanto, tentamos freqüentemente construir modelos de comportamento humano a partir das reações de indivíduos isolados em um laboratório.

Quando modificamos a situação social de um indivíduo, mudamos seu comportamento. Quando o colocamos em uma situação completamente artificial, obtemos um comportamento tão distanciado de seu comportamento normal quanto o comportamento sexual do rato que, encerrado em uma gaiola de laboratório, acha-se distante daquilo que ele é em seu hábitat natural. Uma boa analogia para os estudos de indivíduos em laboratórios é a do cientista de Marte, que é fascinado por nossos aviões e quer saber como eles funcionam. Leva um deles para casa e encerra-o em seu laboratório, embaixo da água. Lá, com grande cuidado, diligência e atenção às regras da ciência, ele examina a aeronave. Descobre que tem partes móveis mantidas umas nas outras por porcas e parafusos (assim como nosso comportamento se mantém por meio de reflexos, cadeias de reflexos, etc.), e isso é quase tudo. Como os aviões operam, para que servem, como funcionam em seu meio natural, em terra e no ar — tudo lhe escapa. Quando levamos em consideração que qualquer contribuição real à nossa compreensão de como os humanos funcionam escapou aos psicólogos experimentais ao longo do século passado, a analogia não parece ser tão descabida.

O grande erro do behaviorismo foi o fato de ter tirado conclusões dos estudos "introspectivos", entediantes, infrutíferos e prolixos do fundador da psicologia experimental, Wilhelm Wundt e seus seguidores. A conclusão a que eles chegaram foi que não se pode estudar os processos mentais dos seres humanos no laboratório e, assim, os psicólogos fariam melhor em ignorá-los e irem estudar outras coisas.

Uma conclusão mais correta diria que não se pode estudar em um laboratório *tudo* que apresente importância e interesse, em se tratando dos seres humanos, e por isso é melhor que os psicólogos os estudem em seu estado natural. No entanto, semelhante conclusão era considerada impensável. Ela ia diretamente contra a descoberta, pelas ciências físicas, de que qualquer coisa que apresentasse importância, em seu campo de interesse, *poderia* ser estudada em um laboratório.

Além do mais, logo ficou claro que os seres humanos eram formados de sujeitos precários para as experiências behavioristas. Mais uma vez foram tiradas falsas conclusões desse fato. Em vez de indagar se os modelos behavioristas poderiam não se aplicar aos seres humanos, John B. Watson e seus seguidores, dentre eles B. F. Skinner, decidiram encontrar sujeitos "melhores", para que pudessem compreender melhor os seres humanos através de seu estudo. Poderia se estabelecer uma analogia com um grupo de cientistas que moram em Veneza e querem estudar automóveis. Por eles se deslocarem com tanta precariedade por cima ou por baixo da água e por não existirem estradas à disposição, os cientistas decidem estudar as gôndolas, para que através delas possam compreender melhor os automóveis.

A analogia não é má. As gôndolas assemelham-se tanto aos carros quanto os ratos aos seres humanos. Por um lado, ratos e homens são mamíferos. Por outro, gôndolas e carros são objetos feitos pelo homem, que transportam melhor e com mais rapidez as pessoas do que elas se deslocariam em um terreno acidentado. É mais fácil e mais barato obter ratos e gôndolas tendo em vista objetivos experimentais do que pessoas e carros.

Apresentando o que foi dito de maneira um pouco diversa: no início de seu desenvolvimento, a psicologia defrontou-se com o fato de que existem muitos dados — por exemplo, sentimentos e pensamentos — que posso observar, quando acontecem comigo, mas não quando acontecem com outra pessoa (parafraseando Ludwig Wittgenstein, não posso sentir uma dor na *sua* perna). Entretanto, devido a seu compromisso com os métodos da física do século XIX e com a convicção de que os métodos então empregados eram os únicos métodos científicos, a psicologia decidiu que os dados aos quais se tinha apenas um acesso particular, em vez de um acesso público, não poderiam ser estudados cientificamente! O estudo da consciência foi, portanto, abandonado em grande parte. A hipótese mecanicista e os métodos das ciências físicas integravam a tal a ponto a cultura que tudo que não se encaixasse nesses sistemas de pensamento era rotulado de "desprovido de cientificidade"; o fato de estudá-los estigmatizava o pesquisador como um não cientista. O cientista e filósofo Michael Polanyi assinalou que "toda pesquisa científica verdadeira inicia-se quando chegamos a um problema profundo e promissor, e isso é apenas metade da solução". O "problema profundo e promissor" da psicologia consistia em como realizar a pesquisa em uma área em que parte dos dados eram abertos ao acesso público e outra parte somente ao acesso particular. Infelizmente, essa questão jamais foi aceita como o problema metodológico básico da psicologia.

Na virada do século e durante os 25 anos que se seguiram, a filosofia e a psicologia abandonaram o estudo da natureza da consciência. Tentando ser científicas, ambas as disciplinas se restringiram ao estudo das trivialidades que achavam poder estudar "cientificamente".

Os filósofos afirmavam que só precisavam estudar e compreender a natureza da linguagem para resolver todas as suas dúvidas, e que a natureza da mente era uma atribuição da psicologia. Os psicólogos, por sua vez, achavam que só precisavam estudar e compreender os elementos básicos que constituíam a percepção e o comportamento (tão logo descobriram quais eram esses elementos) para que todas as suas dúvidas fossem solucionadas e que a natureza da mente era uma atribuição da filosofia. Todos se sentiam muito científicos e modernos, e montes de relatórios muito científicos sobre banalidades empilhavam-se em ambos os campos. Não existia muito mais do que isso.

Em anos recentes, críticas à possibilidade de se realizar pesquisas significativas em laboratório, as quais levarão a uma compreensão mais profunda dos grandes problemas da vida humana, tornaram-se mais freqüentes nas revistas especializadas em psicologia. Livro após livro e ensaio após ensaio suscitaram as indagações que venho fazendo neste capítulo. As respostas a essas publicações, defendendo o valor e a validade do laboratório de psicologia, também começaram a surgir.

A defesa mais eloqüente do trabalho em laboratório de que tenho conhecimento em anos recentes é a de D. G. Mook, publicada na *American Psychologist*, em 1983. Ele afirma que a finalidade da investigação laboratorial é demonstrar o que os sujeitos pesquisados farão *em um laboratório*, e isto não pode ser generalizado para a vida fora do laboratório.

"Uma preocupação deslocada com a validade externa pode nos levar a abandonar uma boa pesquisa, cuja generalização na vida real não é pretendida nem tem importância... Nossa teoria especifica o que nossos sujeitos deveriam fazer *no laboratório*. Vamos então ao laboratório e perguntamos: eles estão fazendo?"[9]

Se alguém estiver interessado em um comportamento que ocorre em entornos extremamente artificiais que não pode ser generalizado para a vida real, então, segundo o ponto de vista de Mook, esse é um psicólogo que deve se dedicar à pesquisa. Se seu interesse for além disso, ele deverá dedicar-se a qualquer outra profissão. Não posso me bater contra essa colocação, mas quanto à defesa da pesquisa realizada em laboratório parece afirmar que grande parte de seu valor é manter os psicólogos ocupados. Eles se divertem e se livram de encrencas.

Devemos também estar conscientes de que tanto a psicoterapia individual quanto a de grupo são situações restritivas e desprovidas de validade ecológica. É preciso ter muita cautela para inferir o que acontece em terapia ao comportamento humano em situações naturais. Nenhuma experiência de laboratório é mais artificial do que marcarmos um encontro com alguém que nos é totalmente estranho, entrarmos em um consultório que não conhecemos, encararmos uma pessoa a quem jamais vimos e nos sujeitarmos, imediatamente, à expectativa de que falemos das coisas mais pessoais e importantes de nossa vida. Os terapeutas tendem a julgar um paciente com precipitação, baseados em um conhecimento muito rápido, uma situação extremamente estruturada e artificial. E tendem a se mostrar notavelmente resistentes a modificar essa impressão inicial, à luz de experiências posteriores. Há muitos anos Richard Renneker, psicanalista extremamente experiente, filmou o comportamento de seus colegas através de espelhos instalados em seus consultórios, com o consentimento e a cooperação de todos. Tendo registrado o comportamento de cada um, desde a primeira sessão com um novo paciente até uma etapa bem adiantada do processo terapêutico, Renneker observou, horrorizado, que eles costumavam decidir, na primeira sessão, sobre a estrutura e a patologia de um determinado paciente, e que quase nada do que este dissesse e fizesse, na seqüência da terapia, poderia modificar seus julgamentos. Quando ele apresentou essas demonstrações filmadas aos colegas e solicitou a ajuda deles de modo a remediar uma situação que prejudicava claramente o trabalho que era realizado, o problema foi resolvido providenciando para que fosse suspensa a bolsa de pesquisa de Renneker. Logo depois ele foi sumariamente dispensado do Instituto Psicanalítico de Chicago, onde ocupava elevado posto de analista didático.

Todo mundo sabe que na vida real leva muito tempo para descobrir o que existe de importante em alguém que acabamos de conhecer, quais são as principais tendências do comportamento e da personalidade dessa pessoa e como ela provavelmente se sentirá e agirá em uma multiplicidade de situações. Os terapeutas tendem a compreender isso quando se trata de pessoas que eles conhecem fora de seus consultórios. No entanto, dentro deles em geral tornam-se tão orgulhosos de sua atividade que esquecem completamente essa compreensão, a despeito do fato de estarem conhecendo alguém cuja situação é muito mais restritiva, artificial e distorcida do que se o encontro tivesse acontecido na rua ou durante uma reunião social. Recordo-me, por exemplo, de determinado paciente que levou para a primeira sessão com uma nova terapeuta o sonho de uma explosão atômica em um metrô. Isso bastou para convencer a terapeuta de que o paciente tinha um ego fraco, facilmente desestruturável. Embora o paciente tivesse um ego forte e maleável, que se mantinha e continuava se mantendo quando submetido a muita pressão, nada do que aconteceu durante os quatro anos em que durou a psicoterapia a fez reconhecer que estava errada e deveria reavaliar sua opinião. Não só o processo terapêutico, com quatro anos de duração, foi um grande desperdício de tempo e de dinheiro, como causou um grande dano à vida do paciente quanto aos sentimentos que ele alimentava em relação a si mesmo.

Ao levarmos em conta a rigidez da maior parte dos terapeutas que se apegam firmemente a suas opiniões (que são as opiniões de uma escola em particular, onde eles foram treinados com respeito à natureza dos seres humanos e a conseqüente constituição da "verdadeira psicoterapia"), a despeito de seus frequentes fracassos com os pacientes que não se encaixam em seus modelos, e diante da determinação em manter a convicção sobre a natureza de um paciente específico, por mais que este possa fazer para tentar modificá-la, lembro-me daquela pergunta formulada por Woody Allen, a respeito do que pagava ao psicanalista. Ele deveria declarar aquilo ao imposto de renda como despesas médicas, portanto sujeitas a dedução, ou como contribuições a uma instituição religiosa?

Há trinta ou quarenta anos compreendia-se muito mais isso entre os profissionais psicoterapeutas. Procurávamos guardar nossas impressões e avaliá-las em testes projetivos. Aguardávamos até poder testar as impressões iniciais, cruzando-as com outras obtidas mediante o emprego de algum instrumento, tal como o teste de Rorschach ou o Teste de Apercepção Temática. Além disso, muitos consultórios contavam com um instrumento adicional, uma boa entrevista feita nos moldes de uma entrevista com um assistente social, a partir de uma visão diferente daquela que orientava nossas investigações, habitualmente terapêuticas. Isso pelo menos nos dava a oportunidade de procurar fatores comuns no comportamento do paciente, em *duas* e algumas vezes *três* situações distorcidas, o que aumentava enormemente nossas chances de uma compreensão mais válida. Hoje em dia, porém, é tão grande a arrogância e a autoconfiança dos psicoterapeutas que eles preferem fazer julgamentos completos sobre outro ser humano, baseados naquilo que a pessoa faz durante uma ou duas horas (ou durante períodos de cinqüenta minutos), na situação mais artificial que se pode encontrar neste planeta. Além disso, há muito mais dinheiro e prestígio envolvidos no fato de ser terapeuta do que em aplicar testes projetivos ou trabalhar como assistente social, ao ponto de, com exceção de poucas clínicas e bons centros de estudos, essas funções terem sido praticamente abandonadas, à medida que os que estão qualificados para exercê-las fazem de tudo para se tornar psicanalistas.

Se, na maioria das clínicas modernas e nos setores de atendimento psiquiátrico dos hospitais, um psiquiatra solicitar a um psicólogo um teste projetivo para um paciente ou solicitar uma entrevista a um assistente social, para que lhe possibilitem um diagnóstico minucioso, a resposta provavelmente será uma risadinha superior e um comentário ressentido: "Não faço esse tipo de coisa. Sou terapeuta".

Certamente, nos últimos anos, surgiram reações aos problemas psicoterapêuticos que venho descrevendo. A terapia familiar, a mais nova moda da psicoterapia, é o início de uma revolução a favor da idéia de que uma pessoa não pode ser significativamente compreendida fora de sua ecologia, do ambiente em que vive e dos relacionamentos que constituem uma parte tão grande desses fatores. Se não fosse inconveniente para os terapeutas, certamente a essa altura nós os veríamos fazendo terapia familiar nas residências das pessoas, para que pudessem ver seus pacientes atuando em um ambiente ainda mais natural.

A idéia de que nossos procedimentos são ditados em parte pela necessidade de bem-estar e prestígio do terapeuta não deve ser vista como algo limitado apenas aos terapeutas. Durante muitos anos as mulheres em trabalho de parto reclinavam-se em uma cadeira, enquanto o médico, ajoelhado a seus pés, esperava para receber o bebê. Muitas parteiras dirão que essa era uma posição muito mais confortável para a mulher do que a posição que é amplamente adotada hoje em dia, com ela deitada de costas e o médico em pé. Entretanto, a posição ajoelhada foi julgada denegridora da dignidade dos médicos e foi abandonada, em detrimento e desconforto das parturientes.

Seymour Sarason, um de nossos psicólogos mais brilhantes e abertos, demonstrou como ninguém que os psicólogos, sejam clínicos ou pesquisadores, pouco têm se considerado parte de um processo social e cultural, e como a pouca compreensão de si mesmos num determinado contexto prejudicou e invalidou o trabalho deles. Sarason assinala com alguns detalhes que a psicologia estudava os indivíduos e ignorava em larga escala a ordem social que os moldava e influenciava constantemente. Além disso, ele notam que os psicólogos davam pouca atenção ao fato de que eles próprios eram moldados pela sociedade a que pertenciam, e que vinha daí a visão que tinham da natureza humana, a imagem do que significa ser humano e suas teorias sobre a psicologia. Nem sequer tentavam ver o que estava por detrás das visões e dos pressupostos da sociedade em que cresceram. A rica e colorida análise que Sarason faz desses conceitos merece uma leitura cuidadosa de todos os que se interessam pelo campo da psicologia.[10]

Resumindo brevemente, o laboratório e o consultório de psicologia são situações artificiais e altamente distorcidas. O comportamento em ambas as situações, tem muita pouca conexão com o comportamento delas na vida real. Extrapolações *em relação a uma pessoa*, feitas a partir de um *determinado paciente* ou de pessoas submetidas a experiências em laboratórios, são extremamente duvidosas.

Não existe o mínimo motivo para se concluir, com a leitura deste capítulo, de que não existe espaço, na psicologia, para a pesquisa realizada em laboratório. Esse espaço existe sim, mas unicamente como seção de uma ciência que tem como objetivo estudar seres humanos, e não como parte de uma ciência originalmente designada a estudar objetos físicos, como certos mecanismos, engrenagens e eixos. Mais adiante descreverei o tipo de ciência a que me refiro e mostrarei qual é o lugar que o laboratório ocupa nela. Aqueles que empregaram esse método tal como foi desenvolvido originalmente por Wilhelm Dilthey, Ernest Rénan e Wilhelm Windelband, e que o refinaram ainda mais como Robin Collingwood e Heinrich Rickert no campo da história, Konrad Lorenz e Nikolaus Tinbergen no campo da etologia, e Freud, na psiquiatria, realizaram avanços reais e nada pueris, lamentáveis e banais como os que se fizeram nos laboratórios de psicologia.[11]

5

AS CIFRAS E OS SENTIMENTOS HUMANOS

O terceiro princípio geral que a psicologia extraiu da ciência do século XIX é que tudo aquilo que existe no cosmo é quantitativo e, se quisermos ser científicos, deve ser abordado por mensurações e cifras precisas. Esse ponto de vista afirma que, enquanto pudermos expressar algo numericamente não chegaremos à sua compreensão científica. Além disso, após quantificarmos corretamente nosso material, devemos ter a capacidade de prever como ele se comportará no futuro. A falta de previsibilidade significa que ainda não alcançamos uma compreensão científica de nosso objeto de pesquisa.

Na psicologia acadêmica, o requisito básico para uma publicação, é o que se costuma denominar "truque CGS". Temos que poder apresentar nossos resultados em centímetros, gramas ou segundos.[1] O padrão CGS foi amplamente usado na pesquisa acadêmica, mesmo sem ter sido muito discutido. O resultado foi que qualquer coisa que não pudesse ser descrita por esse padrão — ou seja, tudo o que existisse de importante ou significativo na vida humana —, não era estudado e nem sequer submetido a um exame muito detido. Apenas o banal tendia a ser publicado nas revistas especializadas. Como a academia adotava o sistema de "publicar ou descartar", isso desembocou em uma direção óbvia e inevitável.

A máxima do século XIX afirmava que "tudo o que existe, existe em certa medida" e encerra alguma verdade, mas quando trata-se de pensamento e de sentimento, de nossa vida interior, essa "medida" não pode ser reduzida a cifras. Como é possível colocar em cifras, quantificar, reduzir a unidades, o efeito provocado em alguém pelo primeiro amor, a morte de um progenitor, o nascimento do primeiro filho, a primeira experiência religiosa? Ou o que aconteceu com você a primeira vez em que *ouviu de fato* a *Appassionata*, de Beethoven, ou *viu* a *Guernica* de Picasso?

O filósofo Ernst Cassirer levou Ana, sua filha de dez anos, para assistir a *As Bodas de Fígaro*. Era a primeira vez que ela via uma ópera. No final, era como se o mundo tivesse mudado. Sua amada Berlim parecia-lhe muito diferente. Decorridos setenta anos, ela ainda se lembrava desse fato como a maior experiência de sua vida. Como seria possível quantificar o incidente e o efeito provocado nela?

Obviamente, os aspectos importantes da vida humana não são descritíveis por meio de cifras ou redutíveis a unidades. Nós, porém, tentamos fazê-lo, no campo da psicologia acadêmica. Quando ficou claro para nós que coisas significativas, tais como as mencionadas acima, não podiam ser quantificadas, vimo-nos diante de uma escolha vasta e de longo alcance. Por um lado, podíamos desistir de nossa teoria diante dos fatos e começar a estudar os seres humanos de uma maneira relacionada àquilo que havíamos observado, isto é, não quantitativamente. Por outro lado, poderíamos manter nossa teoria e nossas ilusões de que estávamos sendo "científicos", ignorando os fatos e continuando a realizar pesquisas quantitativas. O único modo de chegar a isso era estudar apenas aqueles aspectos do ser humano que são banais e sem importância. Para esses aspectos obteríamos belas cifras e até mesmo algumas leis muito limitadas. Descobrimos que era possível estabelecer algumas regras gerais para melhor aprendermos as listas de sílabas sem nenhum sentido, mas não uma regra para o aprendizado de fatos que não faziam sentido. Tanto é que existem regras para a melhor maneira de separar sílabas como *tleque*, *puluq*, *clenca*, *stovra* e *brimetz*, mas nenhuma para aprender e lembrar que nosso primeiro filho foi uma menina, que o armistício foi assinado e a guerra terminou, ou de que a bomba atômica existe e a humanidade corre perigo.

A idéia e a metodologia básica para se quantificar a atividade surgiu na psicologia por meio do trabalho de Carl Weber e de Gustav Fechner. Qualquer um estudante que esteja na metade de um curso de psicologia conhece a Função de Weber-Fechner, a primeira equação geral para converter a atividade humana em cifras. Quase ninguém, com exceção de Fechner, notou que ela se aplicava unicamente a atividades humanas muito simples e, ainda assim, a uma gama muito limitada dessas atividades. Ela é útil para prever com que precisão uma pessoa aferirá a equivalência ou não de dois pesos, desde que não sejam muito pesados ou muito leves. O próprio Fechner escreveu uma série de ensaios com o pseudônimo de Dr. Mises, onde satirizava a ciência mecânica. Neles, ele deixa claro que tentar quantificar a psicologia humana significa repudiá-la e afastar-se completamente do pensamento e do sentimento. No entanto, a influência das ciências físicas era tão grande que Fechner é lembrado unicamente pelo tipo de trabalho que julgava inútil e sem nenhuma finalidade.

Fazemos enormes esforços para quantificar todas as atividades humanas internas e externas. Fracassamos, porém. Concebemos os nomes das unidades de sentimentos (a unidade da alegria é o *exuberante*; a unidade da dor é o *dol*, do francês *"douleur"*), mas vemos que é impossível atribuir números a essas unidades.

Finalmente, o acesso à consciência é mais privado do que público. "É óbvio', escreveu o psicólogo Franz Brentano, "que nenhum fenômeno mental pode ser percebido por mais de uma pessoa." Nós, ao contrário, temos acesso público a fatos observáveis e a dados, no reino sensorial. Você e eu podemos concordar ou discordar sobre a largura de uma mesa, mas podemos medi-la e chegar a um acordo sobre seu comprimento. Podemos também chegar a um acordo sobre que método empregar para resolvermos nossa discordância — uma régua, a pulsação de um feixe de luz ou a decisão de um observador "objetivo". Entretanto, apenas *eu* posso observar os processos em minha própria consciência. *Nós* não podemos discordar se eu estou ou não me sentindo triste. Não podemos encontrar um modo de você observar minha tristeza e, nesse caso, o "observador objetivo" é um termo que não tem significado. Onde o encontraríamos e o que ele faria? Hugo Munsterberg, a quem se deve a organização do laboratório de psicologia da Universidade Harvard em 1899, considerou isso um dos atos primordiais da psicologia. Ele definia como "físico" "tudo aquilo que é objeto possível para cada sujeito", e como "psíquico" "tudo aquilo que é objeto possível para apenas um sujeito".

É parcialmente por esse motivo que os acontecimentos que se dão na consciência *em princípio* não são quantificáveis. Se eu não posso observar sua alegria e você não pode observar a minha, então como poderemos chegar a um acordo sobre quanta alegria deixa alguém "exuberante"? E se eu disser que sinto uma aguda dor de dente, como alguém poderá saber quanta dor isso significa? "A essência das coisas mentais", escreveu o filósofo Henri Bergson, "é que elas não se prestam a um mensuramento."

"Não se pode sentir uma tonelada de amor (a despeito do modo como as moças costumavam escrever suas cartas), uma jarda de ódio ou um galão de reverência, mas o amor, o ódio e a reverência são tão reais quanto uma tonelada de trigo, uma jarda de linho ou um galão de petróleo, e verdadeiramente mais reais, já que possuem um significado imediato e não são meros meios para se alcançar um fim, como fazer pão ou costurar uma fronha."[2]

Posso descrever determinado sentimento que experimento hoje como "mais", "muito mais", "menos" ou "muito menos" do que outro sentimento semelhante que experimentei ontem, mas é quase só o que posso fazer. "É característico de uma mente que teve uma formação apropriada procurar um grau de precisão adequado a determinado tema e só até o ponto em que a natureza da cada um de nós o permite", escreveu Aristóteles, em sua *Ética a Nicômaco*.

É claro que podemos medir quanto uma emoção nos leva *a agir*. Isso, porém, não quantifica nosso sentimento, mas nossa reação a ele. São coisas fundamentalmente diferentes. O sentimento é apenas um fator, entre muitos que determinam a reação. Se, para usar uma antiga propaganda de cigarros, eu andar um quilômetro à procura de um Camel, não é apenas meu desejo por um cigarro que determina que eu me ponha ou não a caminho; são também meus sentimentos de vigor ou de cansaço, o fato de eu gostar ou não de andar, meus planos para as próximas horas, se eu li ou não as publicações mais recentes sobre o hábito de fumar e o câncer no pulmão. Se eu caminhar um quilômetro em busca de um cigarro e você dois, isso não significa que seu desejo (ou vício) seja duas vezes maior que o meu, mas apenas sua reação é maior. Você pode sentir mais do que eu a necessidade de exercitar-se, mas talvez eu não goste tanto de ceder aos meus desejos quanto você. Além disso, eu poderia sentir dor nos pés.

Outra descoberta, à medida que exploramos o plano da consciência, é que a situação está sempre se modificando e jamais se repete. "*Nenhum estado de consciência*", escreveu William James, "*após chegar ao fim, poderá se repetir e ser idêntico ao que era antes...*" (grifo do autor). Prossegue James: "Uma idéia que existe permanentemente... que surge graças a um clarão repentino da consciência, em intervalos periódicos, é algo tão mítico quanto um valete de espadas".[3]

O conceito de que a situação jamais se repete parece, de início, ser algo surpreendente e improvável, pois estamos acostumados ao modelo das ciências físicas (criadas e apropriadas ao plano da experiência, acessível aos sentidos), por meio das quais uma situação pode ser recriada e uma experiência repetida. Posso tornar a realizar uma experiência nesses campos conseguindo isolar um sistema específico de acontecimentos interessantes e criando o mesmo sistema repetidas vezes, da mesma maneira. Existem, porém, numerosos campos em que não se pode fazer isso. Henri Bergson escreveu:

"A história não se repete. A batalha de Austerlitz foi travada uma vez e jamais voltará a ocorrer. Devido à impossibilidade de que as mesmas condições históricas se reproduzam, o mesmo fato histórico não pode ser repetido; como a lei exprime necessariamente que, para certas causas, sempre as mesmas, corresponderá um efeito, que também é sempre o mesmo, haverá um efeito correspondente, sempre o mesmo, e assim a história, em um sentido estrito, não tem relação com as leis mas com fatos particulares, e tampouco com as circunstâncias não menos particulares que levaram tais fatos a realizar-se."[4]

Em um ensaio fascinante, Soren Kierkegaard narra sua tentativa de localizar um exemplo da repetição exata na vida. Por mais que procurasse nos lugares em que vivera, não conseguiu encontrar nem um sequer. Eis sua conclusão: "A repetição não existe".

Aquilo que é verdadeiro, no campo de estudo da história, é igualmente verdadeiro no campo da consciência. É um dos motivos pelos quais não é possível, em princípio, obter-se uma experiência que possa ser repetida na psicologia, da mesma forma que não é possível obtê-la na história. Mesmo que a experiência psicológica seja repetida pelo mesmo cientista, ele, conforme assinalou o parapsicólogo Robert Brier, estará realizando-a pela segunda vez. Se ela for realizada por outro cientista, haverá aí uma grande diferença (o mesmo problema aplica-se aos que se submetem às experiências). A questão da possível repetição na ciência não é a repetição exata, mas sim que as diferenças fazem uma diferença. Em certos campos, tais como o da química, a diferença entre aqueles que realizam uma experiência (por exemplo, se o agente da experiência for virgem em termos *dessa* experiência), não faz diferença. Entretanto, nos campos que envolvem a consciência, a diferença importa e muito. Em certos campos, a repetição de experiências é um critério cujo método é possível e útil. Em outros campos não é um conceito útil nem um procedimento possível. Arthur Koestler escreve:

> Um dos marcos da metodologia científica é a formula *ceteris paribus* — "a igualdade entre outras coisas". Mas as outras coisas jamais são iguais no que diz respeito aos seres humanos... peçam a qualquer escritor, pintor ou cientista que definam as condições precisas mediante as quais a centelha criativa suscitará, repetida e previsivelmente, os vapores em sua mente![5]

De igual importância é o fato de que só se podem fazer previsões acuradas de como entidades individuais se comportarão quando os mesmos acontecimentos se repetirem muitas vezes e, assim, será possível testarmos nossas leis confrontando-as com as observações. Os "mesmos acontecimentos" são aqueles em que a diferença que existe entre eles não faz diferença. Duas bolas de ferro, cada uma delas pesando meio quilo, que descem por um plano com inclinação de 22 graus, são, com toda a certeza, duas bolas de ferro. No entanto, tendo em vista a finalidade de desenvolver uma lei geral, a partir da qual serão feitas previsões, as diferenças não fazem diferença. As duas bolas rolam pelo plano inclinado sem apresentar divergências apreciáveis quanto à velocidade.

No entanto, a velocidade com que dois seres humanos adultos (ou mesmo duas crianças) caminham de casa para o trabalho (ou para a escola) ou, sendo mais científico, do ponto A para o ponto B, é determinada por uma grande variedade de fatores, que certamente incluem sua estrutura (por exemplo, o comprimento das pernas), a situação do meio ambiente (a planura do terreno, a direção e velocidade do vento), o conhecimento, os sentimentos e a definição dos motivos que os levam a movimentar-se e o que os espera ao chegar. A lista dos fatores aqui incluídos é muito extensa. Vai desde como os indivíduos se sentem em relação ao trabalho que fazem até lugar em que o exercem, sua filosofia geral, seu estado de espírito do momento, seu conhecimento, suas convicções sobre si mesmo, sobre os outros e o mundo em geral. Todas essas diferenças fazem, sem dúvida, uma diferença, e assim, partindo da velocidade com que um dos indivíduos aproxima-se de seu escritório, não se pode prever a velocidade que o outro indivíduo desenvolverá. Como esses fatores e sua intensidade relativa mudam de um momento para o outro, não podemos predizer a velocidade com que alguém caminhará amanhã partindo da velocidade com que caminha hoje.

Uma "experiência passível de repetição" no campo da consciência revela se estamos diante de uma pessoa portadora de uma deficiência. Quando, em um teste de livre associação, toda vez que apresentarmos a cor preta a pessoa disser que é *"branco"* (poderemos repetir indefinidamente esse procedimento sem obter uma resposta como, por exemplo, *tedioso*), concluiremos que algo está errado. Saberemos que a pessoa apresenta tantos impedimentos que seu padrão de respostas está congelado, que ela se encontra tão presa emocionalmente ou tão condicionada que suas reações naturais já não estão mais presentes.

Um artista que no mesmo lugar e no mesmo momento do dia, pinta o mesmo quadro repetidas vezes seria visto como uma pessoa extremamente alterada. Esperamos que uma máquina fotográfica reproduza a mesma coisa sob as mesmas condições, mas não um artista. Se, por exemplo, contemplarmos as pinturas repetidas que Van Gogh fez dos trigais de Arles, ou o monte Sainte-Victoire retratado repetidamente por Cézanne, observaremos que cada um dos quadros é completamente distinto e muito diferenciado. Não existe repetição. Cada vez que Van Gogh ou Cézanne armavam seus cavaletes era impossível prever como seria o novo quadro.

Em se tratando de seres humanos em sua individualidade, não se pode prever o que acontecerá em sua consciência ou qual será seu comportamento molar, isto é, significativo e em larga escala. Não se pode prever como será o novo romance de um escritor baseado em seus romances anteriores, assim como não se poderia prever como seria a *Nona Sinfonia* de Beethoven, após ser ouvido as oito sinfonias anteriores (por exemplo, poderíamos ter certeza de que ele não usaria um coral). Os seres humanos, em princípio, não são previsíveis. Somente bonecos de *papier-mâché* são previsíveis. Podemos prever com cem por cento de acerto que Tom Swift, Tarzan e James Bond triunfarão em sua próxima aventura, porém o mesmo não se dá em relação ao Capitão Cook, Al Capone ou Albert Einstein.

Uma previsão sobre o comportamento humano molar, ou a atividade consciente, é uma previsão que diz respeito a um único acontecimento. Este nunca poderá ser repetido porque as condições importantes nunca serão exatamente as mesmas. Conforme demonstrou com clareza o psicólogo T. R. Sarbin, essa previsão, quando é feita, em princípio não é verificável (ou não falsificável). Se eu afirmar que existe uma chance em seis de que Jones pratique o suicídio dentro de um ano, como é possível confirmar ou demonstrar a falsidade dessa afirmação? Se Jones se suicidar (ou se isso não acontecer), o resultado será igualmente compatível com a minha afirmação e com a afirmação de que "há uma única chance de que Jones se suicide em um ano", ou ainda há uma chance em dez de que ele o faça. As afirmações em torno da probabilidade de que determinado fato venha a ocorrer não são verificáveis.

Isso se aplica às previsões estatísticas. O problema é o mesmo quando tentamos fazer previsões absolutas no campo do comportamento molar ou no campo da consciência. Uma previsão absoluta exige uma lei geral e não se podem fazer leis se não for possível repetir uma situação, mantendo-se constantes as variáveis. É algo que não se pode fazer nesses campos. Na falta de leis absolutas (por exemplo, a Lei de Boyle) não se podem fazer previsões absolutas. De acordo com as palavras de Wilhelm Wundt: "Não existe lei psicológica em relação à qual as exceções não sejam mais numerosas do que as concordâncias".

Por outro lado, em se tratando de um grande número de pessoas, eu *posso* fazer previsões estatísticas. A partir do que sei sobre as condições sociais e sobre os engenheiros, posso prever que na próxima convenção anual da Associação Americana de Engenheiros Eletricistas, de 36 a 42 por cento dos participantes usarão gravata nas reuniões que se realizarem no período da manhã. É uma previsão que posso conferir. No entanto, no campo dos indivíduos especificamente, nada poderei prever e, se o fizer, minhas previsões terão um significado apenas *aparente*. Não há como verificá-las. Se eu afirmar que há quarenta por cento de chances de que o vigésimo primeiro engenheiro que entrar na sala da convenção, na manhã de quinta-feira, esteja usando uma gravata, será que estarei dizendo *algo*? Fico no saguão, espero que vinte engenheiros passem e olho o vigésimo primeiro, um senhor chamado Ralph Stone. Ele está usando gravata. Minha previsão está certa? É impossível afirmar. Posso adivinhar se Stone estará ou não usando gravata e posso acertar ou não, mas não existem leis que me levem a fazer uma previsão específica sobre determinado acontecimento ou determinada pessoa. Nesse campo, uma previsão estatística não tem significado.

O comportamento molar de grupos de indivíduos situa-se em um campo de experiência diverso do comportamento molar de um indivíduo. Tal fato é demonstrado pela previsão vitoriosa das estatísticas atuariais em oposição à impossibilidade de se prever o comportamento de qualquer indivíduo. Conforme o demonstrou a mecânica quântica, não existe um paradoxo nisso. Em diferentes campos, coisas diferentes são possíveis e coisas diferentes também são impossíveis. Em relação a uma partícula ou a uma pessoa, eu posso, *na melhor das hipóteses*, fazer uma afirmação aproximada, na base da adivinhação. Dispondo de um grande número de partículas, ou pessoas, poderei prever com precisão muito grande.

Em uma experiência de química (ou em qualquer outro domínio do campo sensorial), se a repetição absoluta *não* ocorrer (isto é, se o fósforo não acender a tira de magnésio a cada momento), saberemos que algo está muito errado. No campo da consciência, se a repetição absoluta *ocorrer*, saberemos que algo está muito errado.

Uma ciência de entidades quantificáveis em sua natureza é também uma ciência que pode *prever* ações futuras e reações às entidades que ela estuda. É uma questão crucial, pois muitos cientistas acreditam que o que caracteriza uma verdadeira ciência é a precisão com que ela consegue prever o futuro. Se tal critério for aceito como válido, nem a psicologia nem a história jamais poderão ser aceitas no rol das ciências.

Os cientistas sociais encaram a astronomia (no estilo do século XIX) como um ideal e um modelo. Suas previsões exatas são a nossa meta. Afirmamos: "Se a astronomia pode prever os eclipses com tanta precisão, então um dia poderemos prever as revoluções nacionais e indicar o dia e a hora de sua ocorrência".

Os cientistas sociais levam especialmente em consideração uma determinada parte da astronomia, a dinâmica celeste do sistema solar. Trata-se da teoria dos movimentos e acontecimentos como algo determinado por forças físicas. Aguardamos ansiosamente e esperamos de nós uma dinâmica social, uma teoria do movimento e das ocorrências sociais, como algo determinado por forças históricas e psicológicas.

No entanto, para fazer isso teríamos que saber como, no futuro, os indivíduos interpretarão e reagirão às situações sociais e históricas. Se agirem baseados na informação de que disporão no futuro, teríamos de saber qual é essa informação. Em outras palavras, teríamos que saber hoje que informação será disponível no futuro, o que é impossível. Como se pode afirmar que interpretação dará uma pessoa a uma situação, quando ela tiver informações e experiências que não temos e que não podemos ter?

O que conhecemos de um planeta não muda, e portanto a reação dele a outras forças também não muda. Terá, no futuro, a mesma reação a essas forças, tal como é hoje. Isso não é verdade em se tratando de seres humanos e nem de animais em seu hábitat natural.

O conceito segundo o qual a ciência é um meio de prever o que acontecerá no futuro é, talvez, aquele que demonstra com maior clareza a diferença entre as várias ciências. O conceito de que não estamos sendo realmente científicos, até podermos prever com precisão o que acontecerá, serve bem, e é necessário a engenheiros mecânicos. Para os psicólogos, constitui fonte de confusão e de depressão.

Um dos motivos é que o comportamento e a consciência humanos não variam de acordo com a situação, mas de acordo com o modo como o indivíduo define e interpreta essa situação. São coisas muitos diferentes.

Karl Popper define o *historicismo* como "uma abordagem às ciências sociais que pressupõe que a *previsão histórica* é o principal objetivo dessas ciências".[6]

A essência dessa idéia é que uma teoria da história (por exemplo, o marxismo) prevê o futuro. Nosso comportamento, entretanto, baseia-se sempre em nosso conhecimento. Em princípio, é impossível prever aquilo que saberemos no futuro. Não podemos prever o que o homem ou a cultura estarão sabendo nos tempos que virão. O passado pode ser "explicado" ou compreendido; podemos nos cientificar daquilo que um homem ou uma cultura sabiam ou no que acreditavam no passado, mas o que nós ou eles conheceremos, e em que acreditaremos no futuro?

A total falência do marxismo (o principal exemplo do *historicismo*) em prever o próprio futuro, em questões tão cruciais quanto a ascensão do fascismo, a era de Stalin e os acontecimentos de 1989-1990 ocorridos no leste europeu, demonstram o completo desmoronamento dessa idéia.

Aquilo que é verdadeiro para o estudo da história também o é para o estudo do indivíduo. Ambos os problemas possuem a mesma estrutura. Estudar o indivíduo é simplesmente estudar a menor das unidades históricas válidas, o menor dos "grupos".

O comportamento de uma máquina a vapor e o que ela faz depende de sua estrutura e da situação que a rodeia. Como um ser humano se comporta depende de sua estrutura, da situação que o rodeia *e de como ele a define*. Sua definição baseia-se parcialmente em seu conhecimento. Popper refere-se à questão de maneira bem clara:

> "Não pode existir uma teoria científica do desenvolvimento histórico que sirva de base para a previsão histórica... Nosso comportamento e a história são governados por nosso conhecimento. Se existir algo como o conhecimento humano crescente, então não podemos antecipar hoje o que seremos somente amanhã... Nenhum *previsor científico*, seja ele um cientista ou uma máquina de calcular, pode prever, através de métodos científicos, o próprio conhecimento futuro."[7]

Teoricamente, é impossível predizer o que a pessoa saberá no futuro. Em decorrência desse fato, suas definições e ações conseqüentes não podem, em hipótese alguma, ser previstas. Isso é uma verdade no que diz respeito aos indivíduos e a culturas inteiras. A ciência da futurologia e a da frenologia quase se igualam, em se tratando da validade de ambas.

Uma das características do problema é que nós sentimos que *deveríamos* ter a capacidade de prever o comportamento humano. Isso se prende até certo ponto a uma época anterior à antropologia moderna, quando achava-se que existia apenas uma natureza humana real, embora grupos primitivos ou grupos de épocas anteriores pudessem ainda não tê-las atingido. É uma armadilha na qual o historiador cai com menor freqüência do que o psicólogo. Quem estuda os visigodos e os romanos, os *sioux* e os *navahos* ou mesmo os *hippies* dos anos 60 e os *yuppies* dos anos 80, percebe que a natureza humana difere consideravelmente de um lugar para o outro e de uma época para a outra. Um pastor *hopi*, uma cavaleiro da Primeira Cruzada, um corretor da Wall Street, em 1980, e um psicólogo de laboratório vivem em mundos diferentes, com diferentes definições de espaço, tempo e honra e com diferentes objetivos, visões do amor e do significado da morte.

Até os historiadores sabem que os espartanos e os fenícios pensavam de maneira diversa, viviam em universos diferentes e que nenhuma "lei da natureza humana" poderia englobá-los. As pessoas pensam de maneira diversa, em diferentes culturas e épocas. Não existe "uma única maneira de os seres humanos reagirem a isso". O que existe são padrões recorrentes, em determinados períodos sociais — por exemplo, o modo como os barões feudais se comportavam na era medieval —, mas quando a cultura se modifica, o mesmo acontece com as repetições.

De fundamental importância no desenvolvimento de um indivíduo de uma nação ou de uma raça são os acontecimentos *únicos*, que não podem nunca se repetir: o nascimento, o primeiro amor, a primeira guerra pela independência do jugo estrangeiro, a descoberta do fogo. O que se pode dizer de uma ciência que não consegue lidar com acontecimentos que não se repetem, que insiste na previsibilidade como a cunha que fundamenta sua existência? Podemos apenas afirmar que tal ciência pode ter um imenso valor para aqueles domínios em que todos os acontecimentos são repetitíveis, isto é, na física ou na mecânica, mas estará completamente deslocada e será inútil nos domínios em que não há repetição.

Esse não é um conhecimento novo. Immanuel Kant, profundamente preocupado e envolvido com as regras da razão pura, assinalou que "...de todos os atos de julgamento participa e precisa participar uma decisão pessoal que, quaisquer que sejam as regras, não deve ser creditada a tais atos."[8] Ele afirma que isso é inescrutável para a razão. Temos aqui uma clara indicação, por parte de Kant, da impossibilidade de se prever o comportamento humano por meio de leis científicas. A razão acaba inclinando-se perante decisões que não podem ser creditadas à razão.

Hegel assinalou que o tipo de regularidades e de ocorrências legais que existem no mundo natural não ocorrem na mente ou no espírito.

O historiador de arte e crítico Benedetto Croce e o historiador R. G. Collingwood queriam assegurar que a história fosse libertada de "seu estado de tutela às ciências naturais". Assinalavam repetidamente a falsidade do pressuposto de que "as ocorrências históricas poderiam ser subordinadas a leis universais ou explicadas em termos dessas leis, do tipo das que exercem um papel essencial na interpretação científica de um conhecimento inanimado". Collingwood declarou: "O historiador não tem o dom da profecia e bem o sabe; em decorrência, o estudo histórico da mente não pode antecipar quais serão os futuros desenvolvimentos do pensamento humano nem legislar sobre ele."

Uma área em que as pessoas aceitaram a idéia de que se pode atribuir, com validade, cifras a aspectos importantes da vida humana, e então predizer o comportamento a partir dessas cifras, foi o campo da inteligência.

O conceito de QI foi inventado pelo psicólogo William Stern quando, segundo suas próprias palavras, ele era "muito jovem". O desejo mais profundo de Stern em seus últimos anos foi introduzir nos Estados Unidos o conceito de "pessoa" e de "psicologia personalista", "a fim de contrabalançar o efeito pernicioso de minha antiga invenção, o QI."[9]

O conceito de QI foi mais desenvolvido tecnicamente no início do século XX por Alfred Binet e Theodore Simon. Era a primeira vez que dispúnhamos de técnicas para *definir numericamente* uma área significativa da personalidade humana; sentíamo-nos muito científicos. O teste de inteligência de Binet-Simon foi amplamente divulgado e empregado, variações de todo tipo foram feitas a partir dele.

Nos dias de hoje, o campo do QI encontra-se em tamanha confusão que, em 1984, a polícia de Nova York apresentou uma solução um tanto original para os problemas que ele suscitava. Candidatos a policiais negros e hispânicos reclamaram que os testes de inteligência aplicados para se avaliar futuros sargentos eram injustos e exigiram novo teste. Receberam a permissão de encomendar outro teste e escolheram um grupo para desenvolvê-lo. O resultado foi examinado e aprovado por eles. No entanto, o novo teste também acolheu uma porcentagem mais alta de brancos do que de negros e hispânicos. Após a aplicação do teste, estes últimos e mais os que tinham selecionado o grupo que idealizou o teste concluíram que ele era "correto", mas os *resultados* eram discriminatórios e por isso o teste devia ser suprimido!

No início da década de 70, Simon (para grande surpresa da maioria dos psicólogos, que o presumiam morto há muito tempo), escreveu uma carta a uma importante revista de psicologia, *The American Psychologist*. Ele lamentava o uso muito difundido e a importância dada ao que ele descrevia como um instrumento menor, desprovido de importância, concebido por ele e Binet para ajudar os professores a verificar algumas impressões que tinham dos estudantes em relação a certos tipos de dificuldades. O pioneiro assinalava que esse instrumento não deveria ser usado para mais nada além disso.

Sessenta anos de aplicação de testes de inteligência em crianças nos ensinaram muito pouco — se é que foi alguma coisa — sobre elas, além do que já sabíamos. Entretanto, ofereceram contribuições muito reais à teoria estatística, mas que não são aplicáveis a nenhuma criança específica. Eles também prejudicaram muitas crianças que acreditavam na validade do conceito ou cujos pais ou professores partilhavam dessa crença.

Que eu saiba, o único emprego verdadeiramente inteligente do conceito deu-se no exército americano, por ocasião da Segunda Guerra Mundial. O exército recorreu a um teste de inteligência em grupo muito bom, o Teste de Classificação Geral do Exército, a fim de indicar que *determinado* soldado, em *determinado* momento de sua vida e na presença de motivação suficiente, que tivesse liderança e várias categorias de personalidade e experiência, podia passar com sucesso por certas escolas militares. Os itens de qualificação eram sempre muito claros. Se um conceito apresenta falhas básicas tão grandes ao ponto de a única organização a utilizá-lo de modo inteligente ser o exército, é melhor tomar muito cuidado com ele.

Não resta a menor dúvida de que os testes de QI e seus aplicadores não passaram no "exame". Tinham como objetivo de trabalho demonstrar que podiam prever o comportamento. Não podiam. Mais tarde, quando examinados como grupo, os que desenvolveram o teste discordaram violentamente daquilo que estavam testando. Seymour Sarason assinalou: "O conceito de inteligência é uma invenção social que reflete inevitavelmente o tempo e o lugar social. Não é uma 'coisa' em um indivíduo".[10] O pâncreas de uma pessoa ou seu cérebro podem ter um tamanho definido, mas não a inteligência.

Além disso, à medida que o teste de QI foi se popularizando e tornou-se universalmente aceito, freqüentemente exerceu efeitos inesperados sobre as políticas oficiais. Quando H. H. Goddard (famoso pelos *jukes* e *kallikaks*) aplicou aos imigrantes da ilha de Ellis, o Teste de Inteligência de Binet-Simon, verificou que 83% dos judeus, 80% dos húngaros, 79% dos italianos e 87% dos russos tinham dificuldade para acatar resoluções. Esses resultados exerceram um forte efeito sobre as políticas de imigração dos Estados Unidos.

Seria fácil continuar assinalando que, ao reificar a inteligência (tornar concreto e "real" um conceito abstrato), ao fazer dessa inteligência uma "coisa" à qual se pode atribuir cifras, praticamos muito pouco o bem e ocasionamos muitos danos, violentando exatamente aquilo que reivindicavamos estudar. Essa atitude, porém, não teria nenhum interesse. Em vez disso, tomemos um exemplo concreto, simples e verdadeiro. Aplicou-se um teste de QI em uma escolar de cinco anos de idade. Em casa, sua mãe perguntou como ela tinha se saído no teste. "Ah", disse a menina, "foi fácil. Só uma pergunta foi muito difícil. A professora pediu que eu desenhasse um leão entre o desenho de uma mesa e o desenho de uma cadeira. Eu não sei desenhar leão, então desenhei uma margarida." A mãe comentou: "Ela não queria que você desenhasse uma linha?". "Não, isso seria fácil demais". (Essa mesma menina, por ocasião do teste, foi solicitada a completar a série "A raposa comeu os três coelhinhos. A raposa comeu os quatro coelhinhos. A raposa comeu os cinco coelhinhos. A raposa comeu os — coelhinhos". Ela preencheu o espaço com a palavra *"coitados"* [dos coelhinhos].

Eis o que existe de real, de importante e de único na vida humana — a criatividade, a compaixão —, e que leva a respostas erradas às perguntas de um teste de inteligência. O que para você tem mais valor e contém mais esperança para nossa espécie: a resposta "seis" ou a resposta "coitados"? O manual do teste diz o contrário.

6

CRIANDO UM MODELO DE HOMEM

O quarto conceito básico que a psicologia extraiu das ciências sociais é que se pode — e, para se entender realmente, *deve-se* — criar um modelo, uma metáfora, para tudo aquilo que é estudado. Qualquer entidade ou classe de ocorrências pode ser mais bem compreendida como metáfora, e só então pode ser estudada e pesquisada como tal. Em parte, isso provém da experiência de Descartes e de outros, na medida em que boa parcela da ação dos objetos mecânicos poderia ser mais bem entendida através do exame de gráficos, mapas, tabelas e fórmulas matemáticas. Por exemplo, Descartes descobriu que, se quiséssemos ensinar aos artilheiros como armar e erguer seus canhões para atingir determinado alvo, daríamos a eles tabelas matemáticas para que as utilizassem. Eles se sairiam muito melhor olhando para elas do que para o alvo.

Esse conceito de que a compreensão científica de uma entidade, de um acontecimento ou de um processo aumenta quando um modelo é construído e então manipulado é, ao mesmo tempo, sutil e profundo. Sua presença foi detectada em todo o campo científico desde o século XVII. Um átomo é modelado como um sistema solar em miniatura. Um elétron é modelado como uma onda ou uma partícula. A evolução da espécie é visualizada como árvores cujos ramos que se bifurcam. O desenvolvimento de uma civilização é modelado a partir das estações do ano. Para um marxista, a evolução da sociedade é a mesma de uma máquina, que se desenvolve seguindo, inexoravelmente, uma trajetória predeterminada como a dos ponteiros de um relógio.

Esse conceito apresentou grande valor no campo da física molar e da mecânica de um modo geral. O modelo mecanicista foi aplicado e, uma vez entendido, descreveu com precisão o fenômeno com o qual estava se lidando. O tremendo sucesso alcançado pela física e pela mecânica, no século XIX, foi amplamente promovido pelo emprego de um modelo mecanicista, *nos campos em que ele era válido.*

Nas ciências humanas, entretanto, a questão era outra. Nelas, o emprego de modelos exerceu um efeito inteiramente oposto. Todos os modelos que usamos para os seres humanos retardaram e impediram nosso progresso. A técnica, tão útil na física, não se revelou aplicável ao nosso trabalho.

Um psicólogo, Albert Chapanis, fez a seguinte declaração:

"A exemplo de Descartes, os modelistas parecem se inspirar nas mais recentes teorias da física e nos brinquedos. A mecânica de Newton produziu modelos de homem como se fossem simplesmente uma máquina feita de alavancas e dispositivos semelhantes. A máquina a vapor de Watts e o desenvolvimento da termodinâmica produziram modelos de homem que o encaravam como nada além de uma complicada máquina térmica. Quando os servomotores brotaram como cogumelos durante a Segunda Guerra Mundial, ouvimos dizer que o homem não passa de um servossistema. Mais recentemente a teoria da comunicação foi traduzida em modelos que pretendem demonstrar que o homem é apenas um sistema transmissor de informações".[1]

Uma citação recente na revista *Advances*, referia-se à mesma coisa de outra maneira:

AVISO AOS INTERESSADOS:
O CÉREBRO NÃO É UMA PEÇA DA TECNOLOGIA

"Porque não entendemos muito bem o cérebro, estamos constantemente tentados a usar as mais recentes tecnologias como um modelo, na tentativa de chegar a compreendê-lo.

"Quando eu era criança, juraram-me que o cérebro era uma mesa telefônica ("o que mais poderia ser?"). Divertiu-me constatar que Sherrington, o grande neurocientista britânico, achava que o cérebro funcionava como um sistema telegráfico. Freud comparava freqüentemente o cérebro a um sistema hidráulico e eletromagnético. Leibiniz, a um moinho, e agora, obviamente, a metáfora é o computador digital...

"O computador provavelmente não é uma metáfora melhor ou pior para o cérebro do que as antigas metáforas mecânicas. Aprendemos

> *tanto sobre o cérebro afirmando que ele é um computador quanto dizendo que ele é uma mesa telefônica, um sistema telegráfico, uma bomba de água ou uma máquina a vapor."*
>
> — John Searle, "Minds, Brains and Science" Conferências de Reith, 1984.[2]

A simplicidade das várias imagens do homem que têm sido usadas pelos psicólogos, e o fato de elas terem muito pouco (ou nada) a ver com a experiência humana, demonstra como os psicólogos vêm buscando seres humanos em todos os lugares, menos onde eles estão. Uma antiga história sufi fala de um homem que passou a noite vasculhando o chão, junto a um poste. Quando um amigo perguntou o que ele fazia, respondeu que estava procurando as chaves de casa. O amigo ajudou-o a procurar um certo tempo e indagou se ele tinha certeza de ter perdido as chaves perto do poste. "Ah, não", disse o homem, "perdi as chaves lá em casa, mas aqui tem mais luz."

Apenas *aparentemente* existe mais luz ali onde os homens estão procurando o homem. Não é provável que seja encontrado no mesmo lugar em que as ciências físicas encontram o que procuram. Mestre Eckhart afirmou certa vez que, se você estiver à procura de Deus, deverá empreender sua busca onde o perdeu. Poderíamos, com todo o direito, parafraseá-lo dizendo que, se alguém estiver à procura do homem, que empreenda sua busca no lugar onde o perdeu ou, pelo menos, num ambiente natural em que ele possa ser encontrado.

Os modelos funcionam unicamente para os aspectos mais simples e triviais da atividade humana e da consciência. Se não surgir algo mais significativo e mais importante, num piscar de olhos eles param de funcionar. Como ciência, temos nos recusado a aceitar que o modelo correto de um ser humano seja o ser humano. Não há razão nenhuma para não ser antropomórfico quando se estuda o *anthropos*. Você, eu, Iago e o sr. George Babbitt não somos ratos, computadores ou um hífen entre um estímulo e uma reação. Querer nos explicar dessa maneira significa dirigir o olhar para uma teoria ultrapassada da ciência, não para os dados de nossa área.

Um computador é um cérebro no mesmo grau em que o telescópio de Palomar é um olho ou um trator é um músculo. E vice-versa.

É interessante notar que todo cientista que advoga determinado modelo deixa de fora o ser humano, como uma exceção. Cada um está afirmando o seguinte: "Todos os seres humanos se comportam de determinada maneira porque são um rato, uma estação telefônica ou um computador, mas *eu* escrevo este livro, ou faço esta conferência, por motivos inteiramente diversos. Faço-o porque sou um ser humano, provido de inteligência, livre-arbítrio e motivos altruístas".

E é claro que também devem fazer isso por dois motivos. Em primeiro lugar, por experiência eles sabem que não são um hífen entre um estímulo e uma reação, operando unicamente por cadeias de condicionamento. Em segundo lugar, porque se eles não fossem a exceção, quem lhes prestaria atenção? Se o próprio B. F. Skinner escreveu em seu livro que o que ele dizia era devido a um condicionamento passado ou recente, por que iríamos comprar esse livro ou prestar atenção nele? Afinal, pensamos, se ele tivesse sido condicionado de outra maneira, teria escrito algo diferente.

Um homem ama sua mulher, alguém dirá, por formação cultural, por um deslocamento edipiano ou por um condicionamento acidental a certas características daquela mulher e, portanto, emite um comportamento de amor. Eu, contudo, acrescentará ele, amo minha mulher porque ela é adorável. Novamente, quem está falando tem dois motivos para fazer essa qualificação. Primeiro, é a experiência que ele está vivendo. Segundo, quer ter condições de poder voltar para casa depois de dizer uma coisa dessas.

Nenhum historiador, filósofo ou psicólogo já descreveu sua própria pesquisa como devida a um determinado aspecto da luta de classes, à necessidade de sua cultura de dispor de um excesso da produtividade ou de um complexo de inferioridade. Apenas o comportamento *dos outros* é determinado por tais motivos (lembramos imediatamente aquele psicanalista que, sentado diante de uma parede coberta de livros, tranqüiliza seu paciente dizendo que jamais alguém aprendeu com os livros algo importante, algo que tenha modificado seu comportamento em um grau significativo. Ou então aquele filósofo existencialista francês que escrevia um livro após outro, sempre com o mesmo tema: os seres humanos não podem se comunicar uns com os outros).

O estranho, em relação a tudo isso, é que aceitamos como algo razoável, em psicólogos falando dos não psicólogos, aquilo que consideraríamos psicótico em psicólogos falando deles mesmos. E, para avançar mais um passo nesse nosso comportamento tão peculiar, aceitamos como razoável e digno de consideração um psicólogo afirmar certas coisas sobre outros, mas acharíamos patológico o seu comportamento se ele dissesse as mesmas coisas a si mesmo. A título de ilustração, suponhamos que um psicólogo behaviorista tivesse escrito muitos artigos, provando que os seres humanos não têm vontade própria e que são controlados por seus velhos e novos condicionamentos. E mais, suponhamos que esse mesmo psicólogo declarasse, em uma conversa corriqueira que ele era uma máquina, controlada por forças e acontecimentos, dos quais, geralmente não tinha consciência e nem podia escolher o que dizia e como dizia. Suponhamos também que ele afirmasse ser uma máquina que conservava com outras máquinas (referindo-se aos que o ouviam) e que nenhuma delas tinha qualquer controle sobre o próprio comportamento, pois eram controladas por forças acidentais e fortuitas.

Com toda a certeza diríamos que essa pessoa está seriamente perturbada. No entanto, se ela só se referisse aos demais seres humanos que não estivessem presentes e os descrevesse nesses termos, talvez a considerássemos um autêntico cientista.

Intrigados, somos obrigados a imaginar quem "emite" um comportamento mais esquisito e doentio: o psicólogo behaviorista ou aqueles que o levam a sério.

A cada vez que inventamos um novo modelo ou que um antigo modelo vira moda sentimo-nos tentados (e quase sempre sucumbimos à tentação) a usá-lo como um sistema explicativo total. O reflexo, a ordem de nascimento, o cérebro — computador, a mente — bomba hidráulica, o complexo, o tipo físico, o lugar e o momento exatos do nascimento, o impulso para a auto-realização, o humano como um rato branco, tudo isso parece servir como um meio para explicar aquilo que se refere à consciência e ao comportamento humano. Os seres humanos tendem a ser tão provincianos no tempo quanto o são no espaço. Toda vez que agimos assim, violentamos a humanidade e a individualidade de quem estamos descrevendo. Posso discutir Édipo, Ricardo Coração de Leão, Robert E. Lee, o barão Richthofen e Abraham Lincoln em todos esses termos. Entretanto, quando chegar ao fim de minha descrição, disporei apenas de um retrato bidimensional. O indivíduo se perdeu.

Desenvolvemos aquilo que o psicólogo Gordon Allport descreveu como "um deprezo pela superfície psíquica da vida". Sempre existe um significado mais profundo e oculto. O filósofo e economista Isaiah Berlin, referiu-se às

> ...escolas de pensamento que encaram as atividades humanas como causadas em grande parte por forças ocultas e invencíveis, cujas crenças e teorias sociais explícitas não passam de racionalizações, disfarces que devem ser arrancados e desmascarados. Tal é a herança do marxismo, da psicologia profunda, da sociologia de Pareto, Simmel ou Mannheim...[3]

No Livro de Anedotas de Joe Miller, uma coletânea setecentista de piadas, que ao ser impressas já eram velhas, encontra-se o seguinte: "Por que uma galinha atravessa a estrada?" A resposta, claro, é: "Para chegar ao outro lado". Pensem, porém, na resposta que o psicólogo behaviorista daria à pergunta! Ou nas respostas que dariam outros teóricos eruditos, marxistas, astrólogos ou psicólogos, que se dedicam à psicologia profunda. Se eles dão tais respostas às galinhas, o que não diriam de Colombo e o Atlântico?

O fato é que os modelos podem ser bons instrumentos, mas são mestres precários. Posso considerar Colombo como um instrumento do sistema capitalista necessitado de mais matérias-primas e que por isso expulsava os exploradores das principais extensões territoriais da Europa. Posso encará-lo como alguém desejoso de alcançar uma compensação, movido por um complexo de inferioridade ligado a sua família e à posição que nela ocupava. Posso ver seu comportamento explicado pelo fato de ele ser um geminiano do sexo masculino (a mesma explicação também vale para qualquer outro signo sob o qual ele tenha nascido). No entanto, se eu quiser entender Cristóvão Colombo e por que ele perseverou diante da dor e de um imenso desânimo, não devo perder de vista o homem, situando-o em quadros de referência que se aplicam somente a pequenos aspectos de sua pessoa. Devo sentir seus sentimentos, ver através de seus olhos, sonhar seus sonhos. Preciso conceituá-lo como um ser humano igual a mim, não como um computador que cospe seus programas, um pombo que repete seus condicionamentos, ou como um enorme rato, um servomecanismo, um holograma, uma central telefônica ou uma planta que floresce.

Quando Shylock encerra sua grande fala ("Se vocês nos espetarem, sangraremos?"), nós o reconhecemos como outro ser humano, compreendemos um pouco mais o que isso significa e o que os seres humanos podem sentir, sofrer e fazer. Nesse momento, não o vemos como um mecanismo que age cega e automaticamente, preso a uma compulsão adleriana pelo poder, a impulsos freudianos de reação e formação, a uma luta existencialista pelo significado da vida, a uma vontade de vir a ser de cunho humanista, ou a uma máquina behaviorista que reage a um condicionamento. É por *esse* motivo que *O Mercador de Veneza* encerra mais psicologia do que estantes atulhadas de manuais de psicologia.

Outro aspecto da dificuldade apresentada pelo modelo de um ser humano é que, uma vez dispondo de tal modelo, estruturamos nossa pesquisa a partir dele e, agindo assim, o reforçamos. Se eu vir um homem como um grande e desenvolvido rato branco, projetarei estudos que lidam com características que se assemelham às dos ratos. Resultará desses estudos que, segundo a pesquisa, o homem apresentará características parecidas com as dos ratos, e assim por diante.

Mas se eu tomar a direção oposta e usar um modelo de homem amoroso e altruísta em busca de seus objetivos (até que infelizes experiências no plano da socialização e da educação o deixem atado por muitos nós e o façam agir de maneira hostil), se eu enxergar nele uma espécie de touro Ferdinando, que *só* quer cheirar as flores, então estruturarei experiências que mostrem essas características e reforcem minhas visões. Deixarei totalmente de lado a complexidade e o aspecto sombrio da humanidade. Em ambos os casos e em todos os demais modelos, deixamos de fora uma grande parte do ser humano. O único modelo para o *anthropos* é o *anthropos*.

Nenhum professor experiente do curso maternal ou qualquer educador que trabalhe *intimamente* com a infância, em um ambiente natural, acredita que exista um modelo que, se empregado apropriadamente, possa "explicar" todas as crianças. Ele sabe que são necessários muitos modelos, se quisermos de fato usar um. E provavelmente dirá que o único modelo útil para uma criança *é* a criança.

Do mesmo modo, quanto mais experiente for um etólogo, menos utilidade terá para ele o conceito de que os animais são entidades cujo comportamento é determinado por instintos rígidos e controladores. O modelo de instinto dos animais não resiste, se eles são observados em seu meio natural. Se alguém quer saber como as crianças se sentem e se comportam, de modo algum deve procurar um professor de psicologia da criança, mas sim um professor de curso maternal. Se quer saber como os animais se comportam, jamais consulta um psicólogo especializado em animais, mas um etólogo.

Nas palavras de Voltaire, "A história não passa de um amontoado de peças que pregamos aos mortos". De vez em quando é importante recuar alguns passos e perguntar se o modo como os psicoterapeutas descrevem seus pacientes, encaixando-os em modelos independentemente do fato de se adequarem ou não a esses modelos, e vendo-os unicamente através das lentes de uma determinada metáfora, não seria isso um amontoado de peças que eles pregam aos vivos. Aos mortos não se pode fazer mal.

Não é que os psicólogos não tenham sido avisados repetidamente dos perigos e da inutilidade de se construir modelos de seres humanos e, em seguida, explicar tudo em termos desses modelos. J. Mck. Cattell, fez o seguinte pronunciamento em 1895, por ocasião do discurso presidencial perante a Associação Americana de Psicologia:

> "Já passou o tempo das explicações e dos sistemas simples, de uma metafísica que explica tudo de uma única maneira. Na década de 1880 o fisiólogo Ludwig escreveu um texto clássico, *Fisiologia*, que tudo explicava a partir de uma única base — o mecanismo. Mais tarde perguntaram-lhe por que não preparava uma nova edição de seu manual. Eis sua resposta: 'Um trabalho como este deve ser realizado por um jovem; os velhos têm muita consciência de sua ignorância' ".[4]

Gordon Allport, um dos poucos psicólogos modernos a compreender que a psicologia necessitava de um método científico adaptado aos seres humanos, escreveu:

"Um colega, amigo meu, desafiou-me recentemente a citar um único problema psicológico que, para sua solução, não recorresse aos ratos. Imensamente surpreso, creio que murmurei algo sobre a psicologia que trabalha com a dificuldade da leitura. Ao meu pensamento, porém, ocorreram, aos borbotões, os problemas históricos do comportamento estético, humorístico, religioso e cultural dos homens. Refleti como os homens constroem clavicórdios e catedrais, escrevem livros, riem às gargalhadas ao assistir um filme de Mickey Mouse; planejam a vida para daí a cinco, dez ou vinte anos; e como, através de uma elaborada metafísica por eles mesmos inventada, negam a utilidade de sua própria experiência, inclusive a utilidade da metafísica que os levou a essa negação. Pensei na poesia e nos trocadilhos, na propaganda e na revolução, nas bolsas de valores, no suicídio e nas desesperadas esperanças do homem. Pensei também no fato elementar de que a resolução dos problemas humanos, ao contrário do que acontece com o rato, é saturada de função verbal, ao ponto de não ter como saber se o retardo, a volição, a simbolização e a categorização, típicas do aprendizado humano, estão obscurecidas, ainda que em grau mínimo, por descobertas referentes ao aprendizado animal".[5]

Eis a visão do antropólogo A. D. W. Malefist:

"Skinner selecionou, apropriadamente, como objetos de sua pesquisa, pombos e ratos que oferecem apenas reações diretas a estímulos. Para que o homem seja condicionado e manipulado de modo semelhante, seria preciso reduzi-lo a um *status semelhante ao dos animais em cativeiro, reduzindo-o também ao um nível de existência pré-cultural, pré-simbólico e pré-criativo*".[6]

Do ponto de vista do antropólogo, os animais e os seres humanos aprendem e reagem de *maneiras* muito *diferentes*. Os animais não possuem a fala simbólica e só aprendem pela experiência imediata. Animal nenhum poderia conceber um conceito como "Pertencemos à substância/De que são feitos os sonhos..." ou "Glória a Deus nas alturas e paz na terra aos homens de boa vontade", ou, segundo as palavras do filósofo e semântico Alfred Korzybski: "Quando um tipo simbólico de vida entra em cena, cessem suas ações. Não se pode mais fazer apostas".[7]

A influência de conceitos não verbalizados, tirados dos manuais de referência da física do século XIX, foi tão vigorosa que ainda persistimos neles, a despeito de tais avisos. Afinal de contas, é preciso levar em consideração como os físicos foram bem vitoriosos com seu modelo do átomo como um pequeno sistema solar, e o elétron como uma partícula ou onda. Ignoramos o fato de que todo físico moderno sabe que o átomo não funciona como um pequeno sistema solar e que um elétron não é uma partícula ou onda (um elétron é um conjunto de números, e *todo modelo que usa características pertencentes ao mundo dos sentidos é errado e dificulta o progresso de nossa compreensão).* Pressupostos não verbalizados são mais fortes do que os verbalizados e não se modificam com os progressos da compreensão.

É difícil superestimar a influência do modelo que usamos em nossas conceituações e o modo como pensamos nos problemas e os resolvemos. Pensem na tremenda arrogância que é escrever um livro intitulado *O Comportamento dos Organismos*, abrangendo todos os animais, dos protozoários aos humanos, depois de estudar os ratos em situações altamente artificiais durante dez anos. E então, depois de mais quinze anos de experiências que desta vez incluíam os pombos, além dos ratos, que tal escrever um livro intitulado *Ciência e Comportamento Humano*? Com efeito, este é o dogma de que "todos os animais são iguais", usado como vingança. Para Skinner, "o homem não passa de um rato ou de um pombo em versão ampliada". Ele recorre a experiências com esses animais para lidar com as atividades humanas tais como o planejamento da utopia, a educação que almeja a reforma social e a compreensão da superstição. Diante disso, a mente confunde-se — ou se confundiria, se existisse (você duvida de que *sua mente* exista?).

Raríssimos ratos ou pombos aprenderam a marchar em formação militar, calcular e discutir sobre o imposto de renda, oferecer plumagem e a decoração feminina aos machos que preferem outros machos como parceiros sexuais, ou qualquer outro comportamento comum adotado pela raça humana. Também não aprenderam a organizar uma Cruz Vermelha para prestar socorro em ocasiões catastróficas, compor a *Quinta Sinfonia* ou pintar *O Mundo de Cristina*.

Quando o psicólogo norte-americano foi à caça do comportamento animal, ele se deparou com o rato albino. De puro espanto o psicólogo teve um desmaio súbito. Em duas revistas da maior importância, *The Journal of Animal Behavior* e *The Journal of Comparative and Physiological Behavior*, quanto mais artigos eram publicados, menos espécies eles abrangiam.[8] Nessa área, quanto mais publicávamos, mais nossos artigos enfocavam, literalmente, temas cada vez mais restritos. O fim da história é muito conhecido. Edwin Chase Tolman dedicou seu livro *Purposive Behavior in Animals and Man* ao rato branco.

Foi o rato que se tornou aquele menino da história que tocava a flauta mágica e levava os psicólogos para longe, distanciando-os de sua preocupação com os aspectos significativos da vida humana.[9]

Em 1950, o psicólogo Frank Beach fez uma análise da prestigiosa publicação *Journal of Comparative and Physiological Behavior* e de suas antecessoras, remontando sua investigação ao ano de

1911.[10] Concluiu que um padrão bastante estável tinha se estruturado e que a psicologia, tal como era representada pela revista, tornara-se a ciência de conhecer os ratos. Um estudo da revista, empreendido pelo psicólogo Charles Kutscher, demonstrava que o rato, que representava menos de 0,01 por cento de todos os seres vivos, comparecia em 58% dos estudos relatados. Os estudos restantes referiam-se a primatas (11%), gatos (5,1%), seres humanos (9%) e aves (5%). Estudos de outras espécies representavam, cada um deles, menos de um por cento.[11]

O raciocínio essencial que preconiza o uso de ratos e pombos afirma que, como todo comportamento consiste em reflexos e como todo reflexo assemelha-se muito ao outro, todo comportamento de todas as espécies é muito semelhante em todos os aspectos importantes. Portanto, podemos muito bem usar animais para levar choques, pois a eles não temos que pagar nada, e cuja vida podemos controlar completamente.

O que se esquece, entre outras coisas, é que cada espécie é muito diferente da outra e que as generalizações que fazemos correm por nossa conta e risco. As galinhas têm toda a probabilidade de morrer de fome, se inibirmos suas bicadas à procura de comida, após o período de desenvolvimento em que essas aves aprenderam naturalmente a bicar. Se, no entanto, impedirmos as andorinhas de voar depois de seu período de desenvolvimento em que elas aprenderam naturalmente a voar, na primeira oportunidade esses pássaros voarão perfeitamente. Há noventa anos que se conhece esse fato. Ratos criados no escuro não demonstram o menor indício de diminuição da acuidade visual quando levados para a luz, ao passo que os macacos criados da mesma maneira estavam funcionalmente cegos e foi com muita lentidão que recuperaram a capacidade visual. Em relação a esse aspecto, os peixes assemelham-se aos macacos. Quando criados no escuro, não conseguem reagir à comida na base de estímulos visuais, ao serem levados para um ambiente iluminado. Seres humanos cegos de nascença e que mais tarde recuperam a capacidade visual, reagem como os macacos. Levam um tempo considerável para aprender a fazer uso dos estímulos visuais.

Qual é o melhor modelo para o homem quanto à importância dos períodos de desenvolvimento: as galinhas ou as andorinhas? Os psicólogos escolheram de longe as galinhas, pois tal escolha encaixava-se no que eles desejavam acreditar, uma crença baseada em outras teorias que eles no momento eles estavam abraçando. Ao que parece, não existe nenhum outro motivo, ou alguma prova, que corrobore essa escolha.

Tão grande é a influência de um pressuposto não verbalizado — no caso, que todo comportamento se compõe basicamente das mesmas unidades e, portanto, é basicamente o mesmo, e é possível estudar o comportamento de qualquer organismo, inclusive o humano, mediante o estudo de um organismo mais simples — que até as mais claras e sólidas evidências do contrário não modificariam nosso pensamento ou nosso comportamento.

Tal fato está demonstrado no artigo clássico "A má conduta dos organismos", de autoria de Kellar e Marian Breland, publicado no *American Psychologist* em 1961. Os Brelands são dois psicólogos estudiosos do comportamento animal que, em 1951, escreveram: "... os artigos positivos e otimistas que, em essência, afirmam que os princípios derivados do laboratório podem ser aplicados ao controle extensivo do comportamento, sob condições não observáveis em laboratório..."[12] Eles trabalharam com ampla variedade de espécies, dentre elas animais tão inusitados quanto renas, cacatuas, quatis, porcos, toninhas e baleias. Descobriram que, quando aplicavam os princípios de um condicionamento operante a essas espécies exóticas (menos exóticas do que os humanos, porém), deparavam-se com o fracasso, que se tornava um padrão constante.

Isso é uma crítica à validade do conceito de estudar animais para compreender o homem. Os Brelands empregaram as técnicas e conceitos mais básicos e comprovados, em se tratando de experiências de laboratório. Tais técnicas teriam funcionado com os objetos da experiência, se tivessem alguma validade para o estudo de animais em laboratório. Não foi o caso. As implicações são claras. As técnicas foram ignoradas.

Típico do trabalho dos Brelands era o seguinte procedimento, que funciona perfeitamente com ratos brancos e pombos. O animal é treinado para pressionar uma barra. De uma fenda situada abaixo da barra ele recebe uma ficha adaptada à espécie, de um tamanho que o animal estudado possa carregar com facilidade. O animal é treinado para atravessar a gaiola carregando a ficha e depositá-la em outra fenda. Em seguida, ele recebe uma recompensa sob a forma de comida: maçã para o porco, milho para a galinha etc. Uma vez aprendido esse comportamento, os ratos e pombos continuam a adotá-lo, sempre que sentem fome. Quando a fome volta, tornam a se compartar dessa maneira. Aqui não há nenhum problema; e um bom psicólogo behaviorista concluirá que os seres humanos funcionam e aprendem da mesma maneira por um condicionamento idêntico e por recompensas recebidas por seqüências, como pintar a Mona Lisa, projetar um traje espacial e participar de marchas de protesto contra o *apartheid*.

O problema que os Brelands tiveram de enfrentar, entretanto, é que suas outras espécies conseguiam aprender como pressionar uma barra, transportar a ficha através da gaiola, colocá-la na fenda, esperar a comida e comê-la. No entanto, depois de exibirem algumas vezes a capacidade de realizar essa seqüência sem erro, os animais pararam de agir assim e fizeram outra coisa. Os porcos podiam ainda sentir muita fome, mas depois de comer algumas maçãs, pegavam suas grandes fichas de madeira, levavam para um canto da gaiola (ou do cercado em que estavam encerrados), deixavam no chão e ficavam focinhando em torno delas. Por que agiam assim? Porque eram porcos e não ratos brancos, é claro. As galinhas aprendiam a seqüência, executavam-na algumas vezes e, então, ainda com fome, pegavam as fichas de madeira, levavam para o centro da gaiola, deixavam no chão e ficavam ciscando em torno delas. Por quê? Porque eram galinhas. Só por isso. As baleias e toninhas às vezes levavam as "fichas" (bolas de borracha e tubos) para o outro lado do tanque e, ainda com fome, jogavam as fichas para o ar e/ou as engoliam. E assim por diante, seguindo a amplitude da escala filogenética que os Brelands investigavam. Poderíamos presumir que os seres humanos aprenderiam a executar a seqüência com facilidade e, depois de repeti-la algumas vezes, começariam a empilhar as fichas de encontro à parede, subiriam nelas e escapariam da gaiola. Ou iriam usá-las como combustível para queimar as paredes da gaiola, para jogar malha, ou dar a elas uma utilidade no mínimo tão interessante quanto a que os porcos, galinhas e baleias deram às suas.

Esse artigo, de tão grande importância, foi escrito em um estilo claro e bem-humorado. Provinha de uma fonte incontestável. Foi publicado em um veículo que os psicólogos não poderiam deixar de ler. No entanto foi ignorado, pois ia contra o pressuposto não verbalizado de que o modo de estudar uma ciência era construir um modelo do tema a ser pesquisado e, em seguida, analisar esse modelo. Isso funciona para a física molar e a mecânica, mas não para os seres humanos.

O filósofo Ernst Cassirer lembrou que a interpretação dos mitos revelou-se como um espelho mágico, no qual cada escola de intérpretes vê apenas seu próprio semblante, ou o reflexo daquilo que quer e espera ver.[13] Assim é que algumas escolas enxergam confusões lingüísticas, outras, os movimentos do sol e da lua, outras, as afirmações inconscientes sobre os desejos e temores sexuais do homem, outras, as verdades cósmicas, e outras, uma ampla variedade de inúmeras possibilidades. Do mesmo modo, uma metáfora relativa ao homem é também um espelho mágico que reflete apenas os desejos e expectativas do autor da metáfora, mas que, em seguida, cai na armadilha de acreditar que esse espelho reflete o objeto de seu estudo e não uma caricatura distorcida. Os sete cegos e o elefante constituem uma bela metáfora para os psicólogos elaboradores de metáforas da espécie humana.

Um aspecto básico do problema, em relação às ciências humanas, é que, neste campo, o modelo escolhido reflete a índole da época, a orientação de determinado cientista e pouco tem a ver com o próprio objeto da pesquisa. Uma explicação "científica" do comportamento de uma pessoa nos diz muito pouco sobre essa pessoa, porém diz muito sobre o ponto de vista, a cultura e o pensamento daquele que explica.

Uma vez que a metáfora do homem, como o rato ou o computador, é estruturada e aplicada, encontramo-nos em uma situação delicada e perigosa. "Pois, uma vez estabelecidos esses paralelos, não há como impedir as associações labirínticas do leitor e nem um controle bem definido que nos permita separar as semelhanças reais das imaginárias, no que diz respeito à interpretação".[14]

Um motivo para se crer que os seres humanos e os animais *devem* ser básica e quantitativamente os mesmos está localizado na história de nossa cultura. Na tentativa de destronar a visão religiosa da realidade medieval e substituí-la pela visão "científica" da Renascença, julgou-se necessário abandonar de vez o conceito de alma. Se os animais e os seres humanos eram quantitativamente os mesmos, ou as pulgas e pernilongos tinham alma, ou os seres humanos não a tinham. A conclusão lógica era óbvia, uma vez aceita a premissa.

Em nossos dias, quando um cientista comum fica tão aterrorizado ao descobrir que tem uma alma, tal como um monge medieval recearia descobrir que não tinha, é básico que a religião e a ciência digam que existem apenas diferenças quantitativas entre o ser humano e o animal. Caso contrário, se os seres humanos fossem *qualitativamente* diferentes dos animais, poderiam ter alma.[15]

Se examinarmos a questão com profundidade, muitos pressupostos da ciência moderna, que aceitamos sem muita reflexão ou discussão, revelam-se remanescentes de uma antiga batalha, travada há muito tempo, para nos livrarmos de uma visão da realidade que há muito não pertence mais a nosso mundo.

7

DEUS COMO ENGENHEIRO

O quinto conceito básico que a psicologia tomou emprestado às ciências físicas, na passagem do século, é que tudo trabalha baseado no mesmo princípio da máquina a vapor e que Deus é um engenheiro. Este conceito subjaz a quase todos os modelos que temos usado para os seres humanos. A idéia é, se formos fundo no assunto e entendermos *realmente* como os seres humanos operam (a pergunta "O que os faz funcionar?" revela claramente a analogia com um mecanismo), vamos descobrir que se aplicam a eles os princípios básicos da mecânica, da mesma forma que são aplicados a uma máquina. Cabe observar que, no lugar da psicologia, estaríamos tentando desenvolver uma física do comportamento humano que, pelo mesmo motivo, não funciona mais que uma psicologia das máquinas impressoras ou uma sociologia dos meteoros.

A verdade é que, por mais que trabalhássemos esse conceito, ele não nos ajudaria a compreender ou a melhorar a consciência e o comportamento humanos. Um aparato mecânico nunca sentiu nem nos ajudou a compreender a piedade que faz arder o coração, a aspiração que nos abre o céu, o ódio pelo opressor, a revolta pela injustiça, o amor por outra pessoa, isso só para enumerar alguns dos sentimentos que nos tornam humanos e únicos.

Incluí apenas os aspectos positivos do ser humano por dois motivos. O primeiro é que qualquer psicologia que ignore ou não consiga lidar com esses aspectos é tão irrelevante e banal que torna-se difícil entender por que alguém gastaria seu tempo com ela.

O segundo motivo é que a teoria mecânica dos seres humanos pode ser usada para piorar as pessoas, mas não pode ser usada para melhorá-las. A psicologia foi vitoriosa em determinadas *áreas* qualificadas como *práticas*, como a publicidade, que pode tornar as pessoas mais semelhantes a uma máquina, a um robô, mas não o contrário.

O grande objetivo da psicologia da publicidade é tornar as pessoas cada vez mais parecidas, previsíveis e controláveis. É fazer com que elas marchem em filas bem ordenadas, movidas pelas mesmas motivações e gostos, que comprem a mesma marca de comida de cachorro, de automóvel, de desodorante ou de cigarro. Quanto a isso a psicologia foi bem-sucedida.

Há muito se sabe que, quanto mais saudável for uma determinada área da personalidade humana, mais livre e imprevisível será a pessoa nessa área. Quanto mais doentia e danificada for uma determinada área de sua personalidade, mais rígida e controlável será a pessoa quanto ao que pensa e como se comporta. Isto vale não só para as áreas da personalidade de uma pessoa em particular, mas também para a pessoa como um todo. Quanto mais danos psicológicos tiverem sido infligidos a ela, mais poderemos prever seu comportamento. Por outro lado, quanto mais saudável ela for psicologicamente, mais espontânea — dentro de certos limites, para não magoar seus semelhantes —, mais livre e imprevisível ela será.

Os envolvidos nas atividades publicitárias empenham-se em tornar as pessoas mais previsíveis e controláveis, até elas se confundirem na multidão. Dessa maneira estão tornando-as menos saudáveis. Esforçam-se para que as pessoas se pareçam um coletividade de formigas, sejam menos individuais e menos livres. Esses homens e mulheres se incluem entre os mais violentos de nossa sociedade, à medida que todo o seu empenho é tornar as pessoas mais patológicas. E é nesse empenho, e unicamente nele, que o modelo maquinal do ser humano é "bem-sucedido", pois capacita os que o utilizam a atingir seus fins.

É claro que os sucessos são limitados pelo método e pelo modelo empregados, mas são consideráveis. Os psicólogos da publicidade podem fazer com que as pessoas se engajem na guerra, mas não conseguem fazê-las lutar pela paz. Podem levar um grande número de pessoas a comprar os mesmos produtos tóxicos para os seus gramados, mas não têm a capacidade de fazê-las amar e tratar com carinho o ambiente em que vivem. Podem vender-lhes, literalmente, bilhões de hambúrgueres saturados de gordura, mas não sabem como ensinar-lhes a cuidar ativamente do corpo, da alma e dos filhos. A adoção de um modelo mecanicista pode ser usada com sucesso para denegrir os seres humanos, mas nunca para engrandecê-los.

(Não parece acidental o fato de John B. Watson, o expoente da cruzada pelo modelo mecanicista na psicologia, ter ido trabalhar na publicidade quando abandonou a psicologia acadêmica. É bem verdade que esse afastamento deveu-se a uma demissão, mas depois disso Watson confidenciou a um colega, o psicólogo Arthur Jenness, que preferia muito mais sua nova profissão. "No mundo acadêmico', disse ele, "se você tem um caso com a secretária, é despedido. No mundo empresarial, é a secretária que é despedida.")[1]

Vemos claramente como as pessoas tratam umas às outras nos países onde existe uma filosofia oficial que recorre ao modelo mecanicista. A antiga União Soviética constitui apenas um dos exemplos.

Depois que Isaac Newton demonstrou, no final dos anos 1600, que nossa compreensão das leis da mecânica poderia ser aplicada não só às máquinas que construímos, mas também ao funcionamento do sistema solar, o passo seguinte, em nosso processo de pensamento, foi inevitável. Tennyson escreveu em "In Memoriam": "As estrelas... correm cegamente". Isso significa que as moléculas, os ratos e os homens também "correm cegamente"? Este tem sido esse um dos grandes problemas do século XX e a principal preocupação de sua psicologia. O mecanismo é um bom conceito para as ratoeiras, as mós e outras máquinas. Onde mais ele é válido? Onde mais ele se aplica? Será verdadeiro para toda a realidade? A decisão tomada pela ciência ocidental é que ele se aplicava, *sim*, a toda a realidade.

Por volta de 1870, a idéia de existir, *qualquer coisa* no cosmo que não se encaixasse no modelo mecanicista era considerada herética e anticientífica. No discurso presidencial que pronunciou perante a Associação Britânica para o Progresso da Ciência, Thomas Henry Huxley, o mais carismático e pitoresco popularizador de Darwin, declarou que a consciência deve ser automática e sujeita a leis inexoráveis como as da mecânica, que é "sujeita a leis mecânicas que se assemelham àquelas que governam a matéria inanimada".[2] Nessa frase é clara a idéia de um computador-mente.

De alguma forma, havíamos chegado à surpreendente conclusão de que, ao estudar o *anthropos*, não podemos ser antropomórficos sem perder nosso *status* científico. É como se os astrônomos chegassem à conclusão de que, em seu trabalho, eles não podiam estudar o céu durante a noite porque a astrologia já fizera muito isso e, portanto, não seria científico fazê-lo.[3]

Arnold Toynbee chamou isso de "falácia sem patetismo". Em vez de dotar todas as coisas de algo que se assemelhe à vida, à vontade e ao propósito (tal como na "falácia patética"), lida-se basicamente com o fato de viver como se fosse não viver, e com a consciência como se fosse não consciência.[4]

Seguindo essa trajetória, chegamos a lugares estranhos e vazios. Estudamos os seres humanos como se eles não tivessem consciência, significado e "propósito". Tendo isso em mente, elaboramos experiências e teorias e *não descobrimos* consciência alguma, nenhum propósito ou significado. Toda teoria ou experiência delimita antecipadamente *o tipo* de pensamento que irá encontrar e a nossa encontrou exatamente aquilo que tínhamos designado para a nossa experiência (talvez não seja inadequado evocar aqui antiga definição da ciência como uma série de saltos que nos levam a pressupostos injustificados e a conclusões inevitáveis). O desfecho de nosso pressuposto básico, segundo o qual os seres humanos funcionam de acordo com os mesmos princípios que regem as máquinas, pode ser ilustrado com uma citação extraída de um livro escrito por um dos apóstolos dessa teoria, B. F. Skinner (não se trata de uma paródia. É tão difícil parodiar Skinner quanto parodiar Eisenhower):

> "O estímulo verbal 'vá jantar em casa' é uma ocasião em que ir para a mesa e sentar-se converte-se numa ação habitualmente associada à comida. O estímulo torna-se eficaz ao aumentar a probabilidade de tal comportamento, e é produzido por quem faz o convite porque exerce esse efeito."[5]

O ser humano desapareceu. Um estranho conjunto de robôs está agindo num mundo de pesadelos. Imagine só acordar numa bela manhã e me ver nesse mundo!

O conceito de que, se as máquinas não têm consciência, os seres humanos também não têm (ou, pelo menos, devem ser tratados como se não a tivessem) está presente em todo esse campo. Não é prerrogativa de poucos extremistas. Vejamos o que nos dizem algumas figuras destacadas da psicologia (deixarei de lado os Watsons e os Skinners. Não vale a pena gastar vela com mau defunto).

Um psicoterapeuta proeminente, Lawrence Kubie, escreve: "Embora não possamos passar sem o conceito da consciência, na verdade semelhante coisa não existe."

Um neurofisiologista de destaque, Karl Lashley, dá a seguinte opinião: "O conhecedor como entidade é um postulado desnecessário".

O conhecido psicólogo acadêmico D. O. Hebb escreve: "A existência de algo denominado consciência é uma *hipótese* venerável, não é um dado diretamente observável..."[6]

Após assinalar como a dificuldade de lidar com a consciência é eliminada por declarações tão surpreendentes, M. Polanyi prossegue:

"O manifesto absurdo de uma tal posição é aceito por esses homens proeminentes como o fardo de sua profissão científica. Os neurologistas, como todos nós, sabem qual é a diferença que existe entre consciência e inconsciência. Quando a negam, querem dizer com isso que, como ela elude a explicação em termos da ciência, sua existência põe em risco essa ciência e deve ser negada no interesse dela. Com efeito, qualquer neurologista que desafiasse seriamente tal fanatismo seria considerado um estorvo para a ciência."[7]

Este é, com efeito, um mundo estranho e esvaziado das qualidades especificamente humanas que nos possibilitam sobreviver (faz lembrar uma daquelas fantasmagóricas telas de Giorgio de Chirico, com suas estruturas estranhas e desprovidas de figuras humanas). Não encerra um *propósito*, o mais característico dos atributos humanos. Máquina alguma tem propósito, simplesmente reage a estímulos que lhe são dirigidos. Todos nós, porém, sabemos que os seres humanos têm um propósito, e isso acontece com cada um de nós. Ninguém jamais tentou estudar o próprio comportamento sem o uso desse conceito. De fato, a idéia de agir de maneira contrária é ridícula.

Além do mais, ele nos condena a viver no tipo de espaço e de tempo em que a máquina vive, não nas mesclas especiais de sentimento e memória, esperança e temor, amor e desamor, que constituem a síntese espaço-tempo na qual podemos existir. Gordon Allport observa:

"A psicologia não personalista será capaz, por exemplo, de oferecer um contexto inteligível ao fato de que a pessoa sentada ao meu lado, em um avião, está distante de mim, enquanto meu amigo, ao encontro de quem estou voando, já está próximo de mim? A essência do espaço e do tempo, psicologicamente considerada, é a *relevância pessoal* dessas duas categorias. Os acontecimentos são distantes quando lhes falta essa relevância, e próximos quando a possuem. Do mesmo modo a síntese do espaço e do tempo é possível na base da teoria personalista, pois existe, no âmago de minha experiência, o sentimento do aqui e agora, uma mescla de espaço e de tempo que não é analisável."[8]

Máquina alguma jamais poderia descrever o elemento de tempo contido nessa colocação, do mesmo modo como o fez o poeta Rainer Maria Rilke:

"Os desejos são memórias que vêm do futuro... Até certo ponto o futuro já se encontra no presente. O que denominamos futuro age da mesma maneira que aquilo que chamamos de passado. Ambos, unidos dentro de nós, formam o presente completo."[9]

A máquina não só seria incapaz de elaborar tal descrição, como a descrição seria inválida ou falsa para o mundo no qual a máquina existe. Mas *é* verdadeira e válida para os seres humanos.

Um desdobramento inexorável do pressuposto básico de que as leis da mecânica cobrem todos os domínios da experiência — constituem toda a realidade — é o mais novo manual oficial de classificação psiquiátrica da Associação Americana de Psiquiatria, conhecido como MDE-3 — Manual Diagnóstico e Estatístico III. Trata-se de um sistema de classificação dos problemas psiquiátricos muito útil do ponto de vista do armazenamento e da recuperação de dados em computador. Ele lista os problemas psiquiátricos de maneira a colocá-los em um computador. Por outro lado, parece ter pouquíssimo a ver com os sentimentos humanos, a consciência ou o comportamento.

Podemos perceber nitidamente o próximo desdobramento surgindo no horizonte, ou seja, a capacidade de descrever com antecedência quanto tempo levará para se tratar uma determinada síndrome. O raciocínio óbvio diz que, se as síndromes são entidades tão claras e discretas quanto afirma o MDE-3, devem ser tratadas da mesma maneira, na mesma quantidade de tempo. Podemos saber quanto tempo levará para tratar a síndrome número 307.60. As companhias de seguro também saberão qual tratamento cada caso 307.60 terá de requerer, em termos de atendimento em consultórios e/ou dias de internação hospitalar. Assim, se a doença for diagnosticada, o médico saberá com antecedência exatamente quanto receberá. Isso simplificará consideravelmente a contabilidade. Se algum paciente necessitar de um tratamento mais longo do que o indicado pelo manual, terá duas escolhas: ou não receberá um atendimento adequado, ou o médico não será remunerado pelo trabalho extra. Em termos da experiência de cada um de nós com a profissão médica, deixo ao leitor a tarefa de adivinhar quem perderá: o médico ou o paciente?

(Seis meses após escrever este parágrafo verifiquei que a previsão está se tornando uma verdade. As companhias de seguro estão agindo exatamente como sugeri. Para as mentalidades dos que concebem sistemas modernos de pagamento médico, parece haver pouca diferença entre duas tabelas de preço:

— Buick Skylark, ano 1983, com pára-lama dianteiro muito amassado — 175 dólares.

— Homem de 50 anos, ansiedade crônica — 200 dólares.)

É claro que em seguida surgirão preceitos sobre o método correto de tratar cada uma das síndromes descritas no MDE-3: tantas sessões de psicoterapia de determinado tipo, tantas drágeas de tal remédio por dia, etc. E que Deus ajude o médico que não seguir exatamente esses preceitos. Ele estará completamente vulnerável a processos por erros de tratamento. Esse era o sistema empregado no antigo Egito. Cada síndrome era descrita com precisão, bem como o eram as condutas corretas e aprovadas. Sujeitos a penalidades, os médicos tinham de seguir os procedimentos aprovados do tratamento. Se, no entanto, não funcionassem no prazo de quatro dias, o médico poderia recorrer a qualquer outro método que julgasse indicado. Fico imaginando se *nosso* próximo passo incluirá semelhante espaço para um julgamento que compete ao médico, e apenas a ele.

Um fator de grande importância que ficou de fora do modelo científico que tomamos emprestado da física — e, portanto, fora da caricatura dissecada do ser humano que vemos nos cursos e manuais de psicologia — é o fator espiritual. Ao longo de toda a história, os seres humanos sacrificaram a paz de espírito, o conforto do corpo e, com freqüência, até mesmo a vida, por razões espirituais. Esta é uma das principais diferenças entre as entidades por nós estudadas e pelos que se preocupavam com coisas materiais. É uma diferença a tal ponto essencial e proeminente que deixá-la de fora, em nossas tentativas de compreender os seres humanos, equivale a estudar aviões e ignorar o fato de que eles têm asas.

Não foi apenas o psicólogo acadêmico que ignorou esse fator. O mesmo ocorreu com o psicoterapeuta. Quem trabalhar nessa área e não tiver consideração perspicaz e contínua de que as necessidades espirituais do homem são muito urgentes e que realizá-las é tão útil para a saúde quanto suas necessidades físicas e emocionais, estará prestando a seus pacientes um imenso desserviço. O terapeuta estará fingindo e ensinando seus pacientes a fingir que um lado importante não existe. A psicoterapia é uma disciplina tão espiritual quanto psicológica. Na porta do consultório de Carl Jung existia um aviso destinado a fazer com que ele e seus pacientes não se esquecessem desse fato. O texto era o seguinte: AVOCATUS ATQUE NON-AVOCATUS DEUS ADERIT ("Invocado ou não, Deus estará presente"). Recomendo com insistência que terapeutas e pacientes adotem esse ponto de vista.

A principal premissa que as ciências sociais emprestaram da física do século XIX foi que, quando Deus construiu o cosmo, Ele (ou Ela, se quiserem) limitou-se a usar os mesmos princípios adotados por um engenheiro da era vitoriana. "O homem", escreveu Thomas Carlyle, "funciona do mesmo modo que uma máquina a vapor." Acreditamos nisso e transpusemos tal crença para a estrutura básica e para os princípios da psicologia.

Essa crença básica levou a três conceitos, geralmente não verbalizados e amplamente aceitos nas ciências sociais, sobretudo na psicologia:

— Tudo aquilo que existe, a mente inclusive, opera a partir de princípios mecânicos.
— Só podemos entender realmente como algo funciona, analisando suas menores partes "verdadeiras" e, em seguida, aprendendo como essas partes interagem umas com as outras.
— Os cientistas não devem adotar nenhum valor em sua pesquisa; devem apenas ser objetivos.

I. A IDÉIA DO MECANISMO UNIVERSAL

A decisão da psicologia no sentido de aceitar a visão de mundo da física como algo válido para seu próprio domínio foi algo quase inevitável, não só pelo tremendo prestígio das ciências físicas por volta de 1900, como por uma decisão tomada muito antes pelo pensamento ocidental. Um momento crucial, na visão de mundo ocidental, ocorreu no fim do século XVII, quando uma argumentação filosófica que provocara imensas controvérsias durante meio século foi considerada resolvida. Leibniz e Descartes acreditavam que o corpo e o mundo físico deviam ser "explicados" através de um conjunto de termos, e a mente através de outro conjunto. Hobbes, na esteira de Demócrito e de São Tomás de Aquino, argumentou que tudo no cosmo podia e devia ser explicado de uma única maneira. Impressionado com as experiências mecânicas de Galileu, ele acreditava ser esse o método e a visão corretos. Os louros da vitória foram para Hobbes e a futura trajetória da psicologia foi fortemente influenciada.

A esse respeito o filósofo George Santayana escreveu o seguinte:

> "Ignoramos um aspecto importante da compreensão de Descartes e retornamos à visão de Demócrito. Ele acreditava que mecanismos inexoráveis situam-se no âmago de tudo — nos materiais da natureza, em nossos corpos, em nossa mente, nos próprios deuses. Para Descartes, esses mecanismos se situavam apenas no âmago das coisas materiais."[10]

Não se deve subestimar a atração exercida pelo modelo mecanicista. Até Leibniz quase sucumbiu a ele e tinha consciência desse fato. Eis o que escreveu: "Suas belas maneiras de explicar a natureza mecanicamente me seduziram". No entanto, ele e Descartes assinalaram que o corpo deve ser explicado em termos dos princípios pelos quais funciona, e a mente, em termos dos princípios pelos quais opera. Hobbes, entretanto, acreditava que tudo, inclusive a mente humana, poderia ser explicado da mesma maneira.

A presença da máquina sempre à nossa disposição e em todos os lugares ensinou o mundo ocidental a enxergar com os olhos da ciência mecânica e a encarar o mundo segundo os princípios da mecânica. São estas as palavras do filósofo Lewis Mumford:

> "Um primitivo sobrevivente poderia, de vez em quando, despejar sua raiva em um arado que encalha na lama e quebrar suas rodas e, da mesma maneira, espancar um jumento que se recuse a andar; no entanto, o conjunto da humanidade aprendeu... que certas partes do meio ambiente não podem ser intimidadas ou engambeladas. Para controlá-las é necessário aprender as leis que regem seu comportamento."[11]

J. S. Mill baseou claramente seu ponto de vista em *System of Logic*, publicação de 1843:

> "O estado atrasado das ciências morais [psicológicas] só poderá ser remediado quando a elas se aplicarem os métodos das ciências físicas, devidamente expandidos e generalizados."

Auguste Comte e outros concordaram com Mill sobre o que a psicologia deveria ser, quando passasse a existir. Definiram antecipadamente os dados que encontrariam e como precisavam ser estudados. Esse é um erro tremendo na ciência como um todo.

Algumas vezes, o conselho mais sensato, como o de Mill, tem conseqüências fatais quando seguido. A esplêndida fala de Brutus em *Julius Caesar*, "Existe, nos assuntos *humanos, uma maré que flui e reflui...*", mostrava por que lançar-se imediatamente à batalha era um ato sensato; a batalha que se seguiu levou-o à derrota e à morte. Mais tarde, o historiador e filósofo Friedrich Hayek nos preveniu: "Jamais um homem incidirá mais profundamente no erro do que quando prosseguir por um caminho no qual obteve grande sucesso".

Seguimos o conselho de Mill e verificamos que ele nos conduziu a um pântano. Quando começamos, dispúnhamos de pouquíssimos dados e tínhamos apenas teorias que de antemão sabíamos ser antiquadas. Hoje dispomos de pilhas de dados (a maior parte deles banais quanto a sua natureza) e muitas teorias que discordam umas das outras, de cabo a rabo. Sigmund Koch disse:

> "É raro que uma experiência invocada para apoiar determinada teoria seja vista sob a mesma luz por partidários de uma teoria alternativa; mais raro ainda é que uma experiência 'gerada' por determinada

teoria ou raramente executada em seu ambiente seja vista por outro grupo como algo que define um relacionamento empírico válido ou desprovido de banalidades."[12]

A tentativa de aplicar a teoria mecânica a seres humanos jamais funcionou e, em nosso íntimo, sabíamos que jamais funcionaria. Sabemos que não funcionamos segundo os mesmos princípios de uma máquina a vapor e que devemos tomar o maior cuidado quando e a quem aplicamos essa teoria. Talvez seja possível aplicá-la a "vós", mas jamais a "ti". Aqui, ocorre-nos a espirituosa declaração do físico Arthur Eddington sobre aquele cientista que

"...está convencido de que todos os fenômenos derivam dos elétrons, dos quanta, etc. [e que] presumivelmente acredita que sua esposa é, mais precisamente, uma equação diferencial elaborada. Ele, porém, talvez tenha tato suficiente para não perturbar a vida doméstica com semelhante opinião".[13]

A essência da revolução empreendida por Galileu ao pôr a caminho ciência moderna, consistiu no fato de que ele assinalava constantemente como as coisas aconteciam. Seus predecessores e opositores tentavam abordar o porquê desse fato. Essa foi uma guinada muitíssimo importante, que partia das Causas Finais (o porquê) para as Causas Eficientes (o como). Foi ela que tornou a física moderna possível.

O problema que apresentou para nós é que as pessoas, o tema da psicologia, atuam nas questões importantes a partir das Causas Finais (o porquê). Vou à rua para comprar um jornal. É minha Causa Final. É *por isso* que vou à rua. Estudar o fato de eu sair à rua sem incluir meu objetivo é rematada asneira. Um carro percorre a rua graças à interação de suas partes com o caminho. Isto é a Causa Eficiente, do *como*. O carro não tem *objetivo* nem Causa Final. Estudar *por que* ele desce a rua, o seu *propósito*, não faz sentido. Galileu estava certo em relação a seu material de estudo, mas errado em relação ao nosso. No entanto, ficamos a tal ponto impressionados com o sucesso da revolução de Galileu que sacrificamos o dever e o direito que temos de ser empíricos, de olhar para tudo o que existe sem idéias preconcebidas. Nós nos apegamos ao método apropriado ao objeto de estudos de Galileu, e não ao nosso próprio objeto e, assim, emulamos e ultrapassamos Esaú, a figura bíblica que vendeu seu direito de primogenitura por um prato de lentilhas.

Devemos a Soren Kierkegaard uma descrição da necessidade de incluir a causalidade na vida humana: "Vivemos para a frente e pensamos para trás!"

No início deste século, o influente psicólogo especializado em animais, Lloyd Morgan, introduziu na psicologia animal uma lei que se tornou amplamente aceita e ficou sendo conhecida como o "Cânone de Lloyd Morgan":

"Em nenhum caso podemos interpretar uma ação como o desfecho de uma faculdade física mais elevada, caso ela possa ser interpretada como o desfecho do exercício de alguém que se situa em um ponto mais baixo da escala psicológica."

Por mais que essa lei nos impeça de interpretar o comportamento dos ratos brancos em função dos profundos princípios filosóficos com os quais esses animais estão comprometidos, ela é inútil para interpretar o comportamento molar (isto é, o comportamento em larga escala, significativo) dos seres humanos, e ainda nos faz cair em armadilhas tais como o psicólogo do indivíduo que estuda cuidadosamente a questão e conclui que não existe pensamento, só condicionamento. E ele ainda acredita que, após seu suicídio intelectual, devemos levá-lo a sério.

O filósofo Morris Raphael Cohen escreveu: "Se negarmos que as coisas são o que são, aniquilaremos toda a razão, toda a sanidade e todo o discurso".[14] Foi isso que a psicologia fez ao negar a realidade básica "daquilo que existe": metas, sentimentos, esperanças, temores, alegrias e pesares. Em vez de olharmos para dentro e aceitarmos nossa *vida*, transformamos tudo isso em algo completamente diferente, em reflexos, condicionamentos, complexos, e só Deus sabe o que mais. Seguindo as palavras do poeta Novalis, "a misteriosa vereda situa-se no interior".

"A física", escreveu Santayana, "não pode responder pelos assuntos humanos... Como se diz na Espanha, todas as provas não passam de pura conversa." Se desejarmos realizar um verdadeiro progresso, devemos adaptar nossa ciência aos dados que temos e não o contrário, como temos feito. O material e os problemas básicos, o que podemos ou não podemos fazer, como devemos trabalhar, tudo isso é muito diferente na física e na psicologia. Por exemplo, podemos diferenciar a estrutura e a função de uma máquina porque é possível estudá-la em movimento ou parada. Em conseqüência, podemos ver como a função depende da estrutura. Entretanto, todo estudo da mente é um estudo de atividades. Nem sequer conseguimos imaginar uma mente absolutamente parada. Mesmo que existisse, não teríamos como percebê-la e estudá-la.[15]

Além disso, a linguagem necessária é diferente nos dois domínios da experiência. A despeito dos imensos esforços descobrimos que não podemos empregar a mesma linguagem para ambas sem correr o risco de enfrentar uma tremenda confusão. Em 1666 Leibniz recordou seu sonho de adolescente de uma linguagem científica universal. De vez em quando tentamos realizar esse sonho. Nossa última e a maior de todas as tentativas (e fracassos) pode ser encontrada em *The International Encyclopaedia of Unified Science*, publicada nas décadas de 40 e 50. Foi algo impossível de ser feito. Os "pensamentos da juventude são pensamentos longos, muito longos", porém não têm a extensão de uma jarda ou dos ponteiros de um relógio. Necessitamos de linguagens diferentes para diferentes campos. As galáxias, os piões, os elétrons, todos rodopiam (e o mesmo acontece com meus pensamentos quando reflito no problema) mas, em cada caso, o termo significa algo muito diferente. As "energias" existentes em uma bateria elétrica, um quadro de Picasso, uma multidão enraivecida e minhas esperanças em relação ao futuro são espécies inteiramente diferentes quanto aos significados e aos termos. A mesma palavra empregada em diferentes campos da experiência tem significado inteiramente diverso.

Seymour Sarason, com sua vasta experiência e erudição, assinalou com detalhes a influência negativa e grandemente difundida da abordagem mecânica e do modelo mecanicista na psicologia. Ele acabou notando que, "com efeito, após a Segunda Guerra Mundial, as ciências sociais pareciam estar muito mais interessadas na história das ciências físicas do que na história de seus próprios campos". Sarason documenta o grau em que perdemos o contato com o objeto de nossos estudos e, ao longo desse processo, negligenciamos quase completamente o estudo de nós mesmos como psicólogos, como membros de uma sociedade e da influência que as mudanças culturais exercem sobre nós.[16]

As declarações de Sarason podem ser demonstradas quando ele descreve a maneira como os psicólogos (e também os geneticistas, mas isso não é problema *nosso*) modificam suas opiniões em relação aos dados de que dispõem de modo a adequá-los ao clima social. Antes de 1930 acreditava-se, com base nas "provas científicas", que as raças humanas eram diferentes no que diz respeito à inteligência. Após 1940, o contrário passou a ser verdade. Não era uma informação tão nova assim. Apenas "descobria-se" que ela significava algo mais, à medida que ia se mudando de opinião.

Infeliz do psicólogo que não mudasse rapidamente! A exemplo do cidadão de um país comunista que não acompanha as mudanças efetuadas nos dogmas políticos, o psicólogo que ficar para trás provavelmente terá dificuldades. Sua posição na universidade de repente está menos segura do que ele imagina. A forte proteção representada por sua opinião pessoal revela-se muito fraca (a prova disso é ver-me impelido a assinalar que não estou me referindo ao nível médio de inteligência das diferentes raças, mas ao comportamento dos psicólogos).

Há uma nova onda que vem se formando na psicologia. Uma grande mudança começa a acontecer. Surgem novos artigos e livros que nos exortam a retornar a uma ciência *humana*, onde os psicólogos são vistos como pessoas influenciadas por sua sociedade e exercendo forte influência em seus pacientes.

Típico da crescente reação do modelo da física na psicologia é um livro recente de autoria de David Berg e Kenwyn Smith intitulado *Exploring Clinical Methods for Social Research*.[17] O livro se baseia em três "crenças solidamente estabelecidas":

— A natureza e as descobertas das pesquisas realizadas no campo das ciências sociais são poderosamente influenciadas pelo relacionamento entre o pesquisador e o pesquisado.

— Esse aspecto deve ser estudado tão intensamente quanto qualquer outro aspecto da pesquisa.

— Todo sistema de investigação da realidade social deve se dirigir ao processo de pesquisa como um todo, bem como ao relacionamento que é efetuado na pesquisa.

Berg e Smith frisam que no estudo da química elementar são presumidos uma pressão e uma temperatura padrões, a menos que haja dados em contrário.

"Assim, descobrimos que a água nem sempre ferve a 100 graus quando tentamos cozinhar um ovo em Denver. Mal podemos imaginar a confusão que se instauraria se esse relacionamento fosse alterado e não comunicado. No entanto, em se tratando das ciências sociais, é muito difícil imaginar um relacionamento padrão entre o pesquisador e o pesquisado."[18]

Este trabalho parece ser uma resposta a boa parte do material levantado por Sarason a que nos referimos anteriormente. Repetindo muitas observações semelhantes feitas por ele (por exemplo, que os psicólogos parecem considerar-se fora das correntes de sua cultura quando, na verdade, são fortemente influenciados por elas), Berg e Smith exploram o problema por vários ângulos. O trabalho deles é importante e não recebeu a atenção que merece. Isso se deve em parte ao título pouco claro e pouco atraente aos interessados no assunto. Mas também é preciso levar em conta que os psicólogos em geral resistem muito às críticas à abordagem básica e à avaliação da filosofia subjacentes ao seu trabalho. Volto a citar William James: "Nenhum sacerdócio jamais procede a suas próprias reformas".

Em um interessante capítulo do livro de Berg e Smith, o psicólogo Clayton Alderfer discute o fato de as áreas de efeito do pesquisador sobre a pesquisa e das organizações profissionais sobre o pesquisador serem evitadas pelos psicólogos em um grau digno de atenção. Como cientistas, diz Alderfer, estudamos *outras* pessoas e suas organizações.[19]

II. O CONCEITO DE ANÁLISE

Outra parte do modelo do século XIX preconizado para todas as ciências é o conceito segundo o qual o verdadeiro modo de fazer avançar o conhecimento é analisar nosso objeto em seus componentes, estudar como esses componentes interagem e, em seguida, voltar a agrupá-los. Isso, é claro, funciona muito bem em se tratando de entidades como máquinas a vapor. A máquina poderá funcionar até melhor se agirmos assim e se, durante o processo, tivermos limpado seus componentes. O conceito não funciona muito bem com organismos vivos, como os seres humanos, que podem simplesmente se recusar a agir depois de reagrupados. E não funciona de modo algum quando é aplicado à consciência, cujos "componentes" não são divisíveis. Existem coisas que se decompõem em segmentos e outras que não se decompõem. A idéia da metade de um livro faz sentido, mas a *metade* da idéia de um livro não faz, conforme assinalou há muitos anos o psicólogo Boris Sidis. Quando tentamos decompor em partes a vida interior que controla nosso comportamento, obtemos resultados ridículos. E. B. Titchener, o pioneiro da psicologia experimental nos Estados Unidos, desenvolveu uma escola denominada "estruturalismo", cujos resultados foram tão tediosos e desprovidos de sentido que a teoria foi abandonada em meio a um enorme bocejo coletivo. O behaviorismo bem que se esforçou. O resultado foi um sistema que, segundo as palavras do filósofo C. D. Broad, era "tolo desde a sua concepção e só poderia ter sido imaginado por homens muito instruídos".

O reducionismo é sempre verdadeiro, mas também é falso. É verdade, segundo uma frase famosa, que "um violino de uma sonata de Beethoven *não passa* de um intestino de gato arranhado pelo rabo de um cavalo". É verdade sim, porém, é mais que isso, é uma falsidade. Não se trata, com toda a certeza, de uma afirmação "científica". Do mesmo modo, considerar o comportamento humano como *não sendo nada* além de cadeias de reflexos, ou como forças inconscientes que interagem com as defesas do ego ou algum outro aspecto tão limitado do comportamento, é muito mais falso do que verdadeiro. Também não é científico e, diante do avanço do entendimento, tão útil quanto a explicação dada para um solo de violino de Beethoven.

Podemos aprender quase o mesmo sobre o comportamento humano a partir dos estudos de cadeias de respostas condicionadas, quanto aprendemos sobre a música de Beethoven a partir do estudo da anatomia dos gatos e cavalos.

Karl Lashley, o maior de todos os nossos fisiologistas do cérebro, realizou durante trinta anos um estudo para compreender e explicar o aprendizado em termos behavioristas. Ele decompôs o aprendizado em partes e, em seguida, tentou analisar a interação das partes, reagrupando-as depois. O resumo que ele escreveu em desespero foi o seguinte: "Ao rever os dados, a única conclusão a que posso chegar é que o aprendizado não é possível".[20]

Posso decompor meu comportamento em contrações de feixes musculares etc., porém isso não me proporcionará nenhuma compreensão real do comportamento.

Segundo as palavras do psiquiatra e teórico Andreas Angyal:

"Os cientistas descobriram que o ouvido serve para ouvir, os olhos para ver, o pulmão para respirar, as mãos para segurar, os pés para andar. Agora eles deveriam dar mais um passo adiante e descobrir para que serve o homem em sua integridade. A indagação posta dessa maneira, é filosófica, mas se a formularmos de modo diverso e perguntarmos: 'Qual é a tendência geral no dinamismo total do organismo? Em que direção se desenvolve o processo total da vida? O que visa o organismo em sua função completa?' teríamos então um autêntico problema científico para o qual uma teoria do organismo em sua totalidade deveria ter uma resposta".[21]

Trabalhando com milhares de soldados que tiveram o cérebro afetado por ferimentos durante e após a Primeira Guerra Mundial, Kurt Goldstein, que cunhou o termo "*auto-realização*" e exerceu grande influência sobre Abraham Maslow, descobriu que era impossível entender os problemas apresentados por esses soldados ou trabalhar na obtenção de soluções a partir de uma perspectiva atomizada. Foi somente abordando os pacientes como pessoas totais, indivisíveis, que interagiam com seu meio ambiente, que Goldstein chegou a algums resultados.

Além disso, ele verificou que os métodos da ciência natural, nos quais fora tão bem formado, eram inúteis quando trabalhava com seus pacientes. Não havia dois deles que fossem idênticos e não se podia encontrar uma previsibilidade exata. Cada paciente era um caso único que podia ajudar Goldstein a aprender como os seres humanos, afetados ou não por danos causados ao sistema nervoso central, reagem às várias situações que enfrentam. Ele podia aprender, aprender a aprender e a ajudar, mas não podia formular leis gerais. Goldstein escreveu o seguinte:

> "Meu maior problema surgiu quando tomei consciência, nesse período, de que eu não poderia alcançar meus objetivos recorrendo a métodos das ciências naturais".[22]

O historiador R. G. Collingwood assinalou que *O Paraíso Perdido* poderia ser apenas uma coleção de palavras pinçadas num dicionário por Milton. Sabemos que não é assim e que cada parte se relaciona orgânica e vigorosamente a todas as demais, quando lemos a obra. Do mesmo modo o ser humano não é apenas uma coleção de partes, mas basicamente um todo. Somente *assim* as partes têm sentido.

Certa vez conheci um homem que aprendeu inglês quando tinha vinte e poucos anos. Ao chegar aos quarenta, achou que deveria ler Shakespeare no original. Passou os quatro anos seguintes listando todas as palavras contidas nas peças de Shakespeare e tentando gravar o significado de cada uma como constava nos dicionários. E então declarou: "Agora estou pronto para ler Shakespeare". Ficou surpreso ao achar as peças aborrecidas, insípidas, desprovidas de significado e vitalidade. O método de análise e de atomização não funciona muito mais para uma leitura de Shakespeare que para o estudo do homem nos laboratórios de psicologia. Fazer isso retira toda a vida e o *significado* do que estamos estudando. É um dos principais motivos para o crescente pessimismo e ceticismo que existe entre os psicólogos a que me referi anteriormente.

III. O CONCEITO DE OBJETIVIDADE

Outra peça do modelo que tomamos emprestado da mecânica do século XIX foi a idéia de que só conseguiremos avançar em nosso aprendizado de alguma coisa se a estudarmos objetivamente e sem formular juízos de valor. Existem, no entanto, campos da ciência que realizaram real progresso e nos quais esse conceito não é admitido como verdadeiro.

Na etologia verificou-se que, segundo as palavras de Konrad Lorenz, é preciso "amar" o animal com o qual se trabalha.

> "É necessário um prolongado período de observação para nos tornarmos realmente familiarizados com um animal e chegarmos a uma com-

preensão mais profunda de seu comportamento. Sem o amor pelo animal, nenhum observador, ainda que paciente, poderá contemplá-lo suficientemente para fazer observações válidas sobre seu comportamento".[23]

Outro etólogo de destaque, Frank Darling, disse que é preciso sermos "íntimos" do nosso objeto de pesquisa. Imaginem o que significaria enviar para uma típica revista de psicologia (*The Journal of Experimental Psychology* ou *The Psychological Bulletin* são as que me ocorrem no momento) um artigo com a declaração de que você "ama" os objetos de sua pesquisa ou que é "íntimo" deles. O artigo provocaria tal reação que nem sequer receberia a anotação "Rejeitado", pelo editor. Na verdade, seria devolvido como "Aberto por engano!".

Na história, existe hoje o conceito básico de que para compreender do que se tratava um determinado período não basta a mera compilação dos atos. As datas, batalhas e decisões não são suficientes. Precisamos, em vez disso, segundo as palavras de Collingwood, "pensar os pensamentos deles, sentir os sentimentos deles." César foi assassinado no recinto do Senado. Sabemos onde e como, mas para sermos historiadores modernos, precisamos também sentir o que Brutus e Cássio sentiram, saber o que eles achavam que estavam fazendo. Somente então poderemos chegar a uma compreensão. Citemos Collingwood:

> "Para o historiador, as atividades cuja história ele está estudando não são espetáculos que devem ser contemplados, mas experiências que ele deve viver até o fim em sua própria mente. São objetivas ou dele conhecidas apenas porque também são subjetivas ou atividades próprias dele."[24]

Se quisermos entender as ações de uma criança, precisamos, conforme assinalou de maneira tão convincente Eda LeShan, uma colega de profissão, lembrar da criança que fomos. Aqueles que não se lembram de como reagiram na infância em uma situação semelhante, não podem realmente compreender como sente uma criança. Com toda a certeza aprendemos isso na psicoterapia. Somente com a empatia que nasce da autocompreensão e do autoconhecimento podemos compreender nossos pacientes (este é um dos motivos pelos quais o fato de termos passado por um prolongado e sério período de psicoterapia é um dos critérios que nos permitem distinguir os verdadeiros psicoterapeutas dos charlatães).

Depois, nossa experiência com a psicoterapia nos ensinou que manter uma atitude *objetiva* não conduz ao progresso do paciente.

Precisamos *cuidar* dele, precisamos estar profunda e emocionalmente preocupados com o que há de melhor para ele, a fim de que os resultados positivos sejam viabilizados. A nova definição de *contratransferência* (dada originalmente por Rollo May) é "a capacidade de afirmar *entusiasticamente* o crescimento e o desenvolvimento do paciente".

Naquelas áreas do estudo da consciência e do comportamento em que alcançamos real progresso em relação à ajuda e compreensão de nossa estranha e sofredora espécie — a psicoterapia, a história, o desenvolvimento da criança, a etologia —, verificamos que não podemos efetuar progressos sem empatia, amor e envolvimento pessoal com nosso paciente (é claro que isso, em si, não basta; são causas necessárias, mas não suficientes, como diriam os lógicos. Uma prolongada e rigorosa formação, além da disciplina, também se fazem necessárias).

Há muito tempo é princípio básico da psicoterapia que os valores morais não têm lugar nesse processo. Nada é moralmente "certo" ou moralmente "errado". No entanto, a idéia de que "nenhuma atitude de julgamento" foi equacionada com a idéia de "ausência de valores éticos", e poucos reconheceram isso, constitui, em si, um sistema de valores. Conforme escreveu Rollo May: "A ausência de julgamentos de valor pela qual optou a terapia mais antiga baseia-se em um sistema filosófico definido, de um relativismo bastante completo".

Seguindo suas disposições habitualmente sucintas, Gardner Murphy, universalmente reconhecido na profissão como um valioso e destacado psicólogo, resumiu essa abordagem mais antiga e emitiu sua opinião a respeito dela:

"O racionalismo dogmático, proferido pela primeira vez por Thomas Huxley e mais tarde retransmitido por Bertrand Russell, anunciava que, para uma pessoa iluminada e moderna a ética é, claramente, um artefato local das condições especiais da sociedade, e que o homem não pode contar com nenhum apoio cósmico para quaisquer dos objetivos éticos com os quais quer se preocupar. Essas confiantes expressões constituem respostas interessantes, se não singulares, às dificuldades empíricas e práticas para se determinar onde estamos, aonde vamos e o que somos."[25].

Se os psicoterapeutas se derem conta de que tudo é julgado relativo (para a cultura, a classe social, a família, etc.), irão dizer: "Se você quiser um sistema de comportamento, olhe à sua volta e escolha o mais conveniente, ou seja, o mais comum". Se os terapeutas não fizerem julgamentos de valor abertamente, os pacientes provavelmente aceitarão os costumes superficiais de sua cultura.

É claro que não é possível manter fora da terapia os valores éticos. Diz o psiquiatra Thomas Szasz:

"Apesar dos argumentos em contrário, fazem diferença as orientações sócio-éticas do psiquiatra, pois elas influenciarão suas idéias sobre o que está errado com o paciente, o que merece comentário ou interpretação, em que direções a mudança seria possível e assim por diante... Poderá alguém acreditar realmente que as idéias e crenças de um psicoterapeuta sobre a escravidão e outras questões semelhantes, não têm nenhum papel em seu trabalho prático?"[26]

Mesmo que não seja possível manter os valores fora da terapia, *tem sido* possível tentar convencer o paciente de que a terapia está "acima" dos valores ou dos julgamentos éticos. "Uma psicoterapia amoral", segundo assinalou o psicólogo Goodwin Watson em um escrito clássico, "é uma contradição em termos".[27]

O psicólogo George Turner, ao discutir a relatividade dos valores, indica que, pelo fato de o superego freudiano ser culturalmente definido e limitado, não significa necessariamente que todos os valores o sejam: "Sem desafiar a realidade da consciência freudiana, pode-se negar a ela direitos exclusivos ao território". Como exemplo possível, ele se refere ao conceito existencialista da *culpa ontológica*, uma forma de culpa que aparentemente está fora da cultura oriunda do fato de alguém ser privado de suas potencialidades.[28]

Rollo May, após sugerir uma redefinição da objetividade para o terapeuta ("Objetividade é a capacidade de afirmar o crescimento e desenvolvimento da outra pessoa"), dá alguns exemplos de possíveis julgamentos de valor na terapia. Eles incluem o conceito de que é melhor para o ser humano ser capaz de usar seus talentos e potenciais, para ser livre e amar, do que não dispor de nada disso. E mais, nos relacionamentos interpessoais, devemos agir de forma tal a encorajar e ajudar esse crescimento nos outros.[29]

Há indícios de estar ocorrendo um movimento geral em direção à aceitação de valores na terapia. Parece haver um crescente sentimento de que estar "livre" de julgamentos morais leva à perda de autorespeito, identidade e auto-imagem. A aceitação do conceito de que todo comportamento indesejável de um paciente deve-se aos pecados dos pais, parece debilitar os conceitos de vontade, responsabilidade e autocontrole. Uma história em quadrinhos publicada em Nova York mostrava dois delinqüentes juvenis aguardando a vez de comparecer diante do tribunal. O mais velho aconselhava o outro jovem: "Você pode se livrar com mais facilidade. Basta dizer que sua mãe o odiava".

Isso talvez suscite outro motivo para a aceitação declarada dos valores éticos na terapia. E só então será possível para o paciente distinguir entre culpa neurótica e culpa real.

6

A PSICOLOGIA E A CONDIÇÃO HUMANA

Certo dia, no final dos anos 60, eu estava em meu consultório conversando com um paciente. Nosso trabalho começara havia dois anos. Na época ele tinha um câncer que já havia lhe tomado os pulmões. O câncer era inoperável e a quantidade de radiação necessária para melhorar a condição do paciente o teria matado. Ele se submetia a um programa experimental de quimioterapia que mais tarde foi deixado de lado pelos parcos resultados. Agora o câncer tinha regredido a tal ponto que quase não era detectável através do raio-X.* Ele me disse: "Sabe de uma coisa, Larry? No primeiro ano e meio em que trabalhamos nunca ficamos sozinhos em seu consultório."

Fiquei surpreso, e ele prosseguiu: "Eu ficava sentado nesta cadeira, você na sua, e lá no canto havia uma figura de barba longa, com uma foice na mão!" Eu me dei conta de que eu também tivera essa sensação, pois havíamos falado a respeito da vida e da morte, dos sentimentos de meu paciente sobre a morte e o significado de sua vida. Pus-me a imaginar como eu, um psicólogo experimental, chegara àquela situação. Havia muito que eu deixara para trás meus cursos de estatística e metodologia experimental, minhas primeiras experiências com o aprendizado das capacidades motoras e com os

---

* O câncer continuou a regredir até não deixar sinais. Durante dois anos ele não teve doenças. Manifestou-se, então, uma doença no sangue, *Polycythemia vera*, da qual veio a morrer.

projetos de labirintos para ratos. Estava extremamente distanciado de minha formação em psicoterapia psicanalítica.

Minha visão da natureza da vida e dos problemas da profissão de psicólogo percorreram uma longa trajetória. Até agora, neste livro, concentrei-me naquilo que está *errado* atualmente na psicologia, seja a acadêmica ou a clínica. Há, porém, outro lado. Desde o século XIX existem aqueles que se envolvem com a invenção de um método específico destinado ao estudo dos seres humanos, um método que seja aplicável não apenas a coisas inanimadas, mas também a nós, produtores de arte, de literatura e de campos de concentração, nós que amamos, matamos e ajudamos uns aos outros. Eu desconhecia essa questão no momento em que, forçado pela natureza do projeto de pesquisa no qual estava trabalhando, fui obrigado a modificar meu ponto de vista. Somente mais tarde tomei conhecimento e aprendi com isso. Escreverei mais e sobre os homens e mulheres que constituíram minha pesquisa, nos capítulos 9 e 10, mas aqui, como um típico psicólogo de meu tempo, descreverei os acontecimentos que me forçaram a mudar e começar uma investigação que se situava além de minha formação.

Em um sentido muito real este livro teve início em 1952. Naquela época, eu tinha mestrado em psicologia e completara todos os créditos para a obtenção de um doutoramento. Além disso, trabalhara como psicólogo clínico no Exército e na Administração dos Veteranos. Em todas essas experiências convivi com excelentes professores. Equipado com uma formação em metodologia de pesquisa e em psicologia clínica me vi diante de um grande projeto de pesquisa.

Quanto mais me aprofundava no novo projeto, mais evidente ficava o fato de que minha formação e experiência não se aplicavam a ele, e que ambas de modo algum tinham me preparado para o tipo de observações que eu estava fazendo. Trabalhava com adultos submetidos a grandes tensões, e os métodos de pesquisa que eu aprendera a duras penas eram úteis até um ponto muito limitado. Além disso, o ponto de vista teórico que me fora ensinado sobre o funcionamento dos seres humanos simplesmente não se adequava e não podia acolher os dados que eu vinha acumulando. Meu número de escolhas parecia-me limitado. Ou teria de desistir do projeto, afastar-me dos dados e refugiar-me em teorias sobre aquilo que eu *deveria* estar descobrindo, ou o melhor era retirar-me completamente do campo da psicologia. A única alternativa que eu podia enxergar era tentar modificar a mim, *crescer* o suficiente para conseguir desenvolver meus métodos e conceitos teóricos de modo que eles pudessem incluir e "explicar" o que eu estava observando. Essa tarefa vem me ocupando há mais de trinta anos.

    O projeto foi sugerido originalmente por meu amigo, dr. Richard Worthington. Entre outras coisas, Dick é um gênio na interpretação de testes projetivos. Certo dia, em 1949, ele me contou que terminara de examinar os testes de personalidade aplicados em três pessoas que tinham câncer. Baseado no que viu, percebeu que havia algo importante que devíamos saber a respeito da história da vida emocional das pessoas com câncer. Afirmava que essa área deveria ser imensamente pesquisada.

    Eu já sabia que quando Dick dizia uma coisa assim, não era para ser ignorada. Guardei suas palavras para o futuro.

    Dois anos mais tarde, eu voltara do Exército e trabalhava como psicólogo clínico, comissionado em uma clínica de higiene mental do Arkansas. Lembrei-me do que Dick Worthington comentara a respeito do câncer e da história de vida emocional. Na cidade de Fort Smith havia uma excelente biblioteca médica. Em meados do século passado, os médicos locais formaram uma associação à qual cada membro devia legar seus livros em testamento. Comecei a passar minhas noites lá, tentando aprender o que podia. Lançando um olhar de psicólogo para as estatísticas de mortalidade por câncer, ficou claro que elas indicavam a forte probabilidade de que os fatores emocionais exerciam influência em suas variações. Por exemplo, o fato de haver taxas de mortalidade por câncer mais baixas em tempo de guerra e grandes picos durante o período imediatamente após a guerra, parecia sugerir que o que estava acontecendo na sociedade, e como as pessoas atribuíam um significado à própria vida tinha um papel nas estatísticas (a primeira coisa que meu ocorreu, quando notei as diferenças entre as estatísticas de morte por câncer no período de guerra e no período do pós-guerra foi que muitos patologistas tinham sido convocados pelo Exército, e, portanto, menos autópsias foram realizadas nesse período! No entanto o exame das diferentes taxas de câncer externo e interno mostrou que esse não era um fator decisivo. Se fosse, as taxas de cânceres internos, de difícil diagnóstico e que necessitavam de autópsias freqüentes para diagnosticá-lo com certeza, teriam caído mais do que as taxas de cânceres externos, que não necessitavam de autópsias para se chegar a um diagnóstico. Não era o caso, porém.) Outras estatísticas também indicavam que eu estava em uma pista potencialmente frutífera. O fato amplamente conhecido de que a morte de um cônjuge torna o sobrevivente mais vulnerável ao câncer, estatisticamente falando, constituía apenas um exemplo do que deparei.

    Ao deixar o Exército em 1952, mostrei a Dick Worthington o que havia encontrado. Ele e eu concordávamos em que era importante prosseguir na pesquisa. Dick convocou um grupo de empresários conhecidos. Mostramos-lhes as estatísticas das minhas descobertas, conseguimos impressioná-los e antes que a reunião chegasse ao fim, tínhamos levantado dinheiro suficiente para eu me dedicar à pesquisa por meio período, durante um ano. Nos doze anos seguintes, graças à Fundação Ayer pude trabalhar no projeto em período integral.

Como eu tinha o suporte financeiro necessário e experiência em trabalho hospitalar, que me permitia percorrer uma enfermaria sem tropeçar nas comadres usadas pelos doentes, previ que não teria o menor problema de me acercar, confiante, dos principais hospitais de Nova York. Para minha grande surpresa, nos primeiros quinze que visitei, tão logo eu comunicava ao comitê de pesquisa, ou ao chefe do setor de oncologia, ou ao dirigente do setor de psiquiatria, o que pretendia fazer — *verificar se era frutífero abordar o câncer do ponto de vista do conhecimento da moderna psicossomática* —, era imediata e firmemente convidado a deixar o hospital. Às vezes isso acontecia mais rápido. No famoso Memorial Hospital de Nova York, um dos maiores centros de tratamento de câncer no mundo, creio que fiquei apenas quinze minutos!

Alguns anos mais tarde, publiquei meu primeiro artigo abordando os problemas especiais de se fazer psicoterapia com pacientes cancerosos e os métodos que eu estava empregando para superar esses problemas. Por ter contribuído tanto para minhas idéias sobre o assunto, a dra. Marthe Gassmann recebeu todos os créditos que lhe eram devidos. Naquela época, ela pertencia ao corpo médico do Lenox Hill Hospital, de Nova York. Seus colegas, que leram o artigo no *The American Journal of Psychotherapy*, ficaram indignados. Disseram que era "obsceno" dedicar o tempo da psicoterapia aos pacientes com câncer, quando ele deveria ser dispensado às pessoas que tinham longa vida pela frente, para poderem gozar dos benefícios recebidos! Naquela ocasião, havia poucos terapeutas aos quais eu pudesse encaminhar pacientes. Assim que se espalhou o boato de que eu estava trabalhando com esse tipo de paciente, muitas pessoas portadoras de câncer vieram me procurar para fazer psicoterapia. Em geral, eu não tinha para quem encaminhá-las. Com pouquíssimas exceções, como o dr. Gotthard Booth, os psicoterapeutas experientes opunham-se firmemente a esse tipo de trabalho. Hoje a situação mudou completamente.

Até isso acontecer, não me ocorrera que havia temas tabus nas ciências. Eu sabia que esses temas tinham existido no passado, conhecia histórias como a do médico Ignaz Semmelweiss que fora expulso do hospital e de suas atividades pedagógicas ao querer que os médicos lavassem as mãos antes de atender uma mulher em trabalho de parto.

Embora essas e outras histórias semelhantes sejam ensinadas a todos os estudantes de ciências, eu acreditava serem problemas unicamente do passado e não do presente. Hoje sou mais sábio.

Acabei chegando a um excelente acordo quanto às condições de trabalho com Emmanuel Revici, do Instituto de Psicologia Aplicada, de Nova York. Ele ouviu o que eu queria fazer e disse: "Sabemos que existem fatores desconhecidos no câncer. Freqüentemente morre um paciente que nós, baseados na experiência e no conhecimento, achamos que deveria viver, e vice-versa. Pode ser que alguns dos fatores estejam presentes nessa área que você quer explorar. E depois, já fui chamado tantas vezes de charlatão que não farei o mesmo com você, a menos que me prove ser um deles."

Hoje, com toda essa conversa em torno do "sistema imunológico", quando o relacionamento entre o estresse e a doença é amplamente explorado e quando dispomos e temos até um novo termo para designar o que então era denominado "medicina psicossomática" (está em moda o termo "psiconeuroimunologia"), é difícil lembrar a época em que a relação entre a história de vida emocional de alguém e seu câncer era algo julgado inexistente.

Não entrarei em detalhes sobre os longos anos de entrevistas, testes projetivos e psicoterapia que dediquei a pacientes com câncer e grupos de controle. Esse material é mais adequado para as revistas especializadas e já foi publicado. Aqui, o importante é expor que, para lidar realmente com minhas observações, para destrinchá-las, eu tinha de ir além das orientações e das abordagens referentes aos seres humanos que fizeram parte de minha formação e que eram as habituais entre os psicólogos de minha geração.

Havia três áreas nas quais eu tinha de transcender minha formação:

— Como se faz pesquisa em psicologia?
— Em que tipo de quadro de referência, com que teoria geral, pode-se encarar o comportamento humano?
— Qual é a interrogação básica que um terapeuta faz na psicoterapia?

Elas serão objeto de discussão nas páginas que seguem.

Como se pesquisa no campo da psicologia? Foi ensinado, basicamente, que um psicólogo identifica fatores específicos que podem ser separados da massa da vida interior do paciente e/ou de seu comportamento. Nós os quantificamos (atribuímos valores numéricos) e então medimos sua presença e ausência, ou seu montante, em relação a algo mais. Levamos em conta a presença ou ausência de respostas a toda a prancha do teste de Rorschach (mais do que a partes da mancha específica), medimos sua freqüência em outros que apresentam uma história profissional regular e em pacientes que, em média, mudaram de emprego mais de uma vez a cada dois anos. Podemos também estudar quanto de satisfação existe em sua situação conjugal, medindo-a e quantificando-a em um questionário, contrapondo-a à história conjugal dos pais do paciente (quando eu era estudante talvez tenha agido assim, quase caindo em um reducionismo absurdo que beirava o ridículo, correlacionando o número de vezes que os ratos brancos vibravam seus bigodes em determinados pontos do labirinto previamente determinados, com a escolha correta ou incorreta que eles faziam da direção a seguir para chegar a esses pontos. Esqueci-me dos motivos desse estudo, mas naquela época ele me pareceu importante e significativo). Em todo caso, o fato básico que me ensinaram a respeito da pesquisa psicológica é que se tomavam fatores que podiam ser quantificados (ou, pelo menos medidos por meio de uma "presença" e um "ausência") e depois medidos em contraposição a outros fatores separados.

É claro que a coisa era bem mais complexa. Geralmente medíamos vários fatores contrapondo-os uns aos outros. Recorríamos a técnicas estatísticas elaboradas, tal como a Análise dos Fatores, a fim de medir esses relacionamentos, agrupá-los e manipulá-los, contrapondo-os, mas a técnica básica era a mesma.

Ao trabalhar com pacientes com câncer, eu dispunha de um dos dois fatores de que necessitava: ou eles tinham câncer ou não tinham (isso não significava que os dois grupos eram realmente separados. Alguns dos membros do segundo grupo poderiam ser portadores de cânceres não diagnosticados, mas o critério funcionava). Eu tinha à minha disposição um fator razoavelmente objetivo. O que dizer então dos fatores psicológicos que eu podia contrapor a ele?

A essa altura deparei-me com uma grande surpresa. Havia muitos fatores "objetivos" que eu podia contrapor ao diagnóstico: a história conjugal, a morte na infância de um membro da família, o *status* social, por quanto tempo o paciente foi o caçula da família, o número de pontos obtidos em testes projetivos e de inteligência, a freqüência de mudanças de residência, a satisfação ocupacional, etc. Muitos desses fatores correlacionavam-se em grau estatisticamente significativo com o diagnóstico, e eu, conscienciosamente, publiquei essas correlações em revistas profissionais, juntamente com as pistas que poderiam levar a uma compreensão mais profunda de meus achados. Para testar as hipóteses a que cheguei através de meios muito diversos — *entender* e compreender os universos em que meus pacientes viviam —, as técnicas que aprendi revelaram-se úteis. Não foram úteis, porém, para descobrir alguma coisa nova nas pessoas com as quais eu estava trabalhando. Para fazer isso, primeiramente eu teria de desconfiar de algo e em seguida verificá-lo através desses métodos. Teria de avaliar o que eu queria escolher, em contraposição ao diagnóstico feito na base da teoria. Aí então poderia testá-lo.

A essa altura chegou às minhas mãos o trabalho do grande biométrico americano Raymond Pearl, que demonstrou que o método estatístico era útil para testar hipóteses, mas não para descobrir novas idéias. Além do mais — e isso revelou-se um fator crucial —, as estatísticas podiam indicar a quantidade de fatores mensuráveis em grandes grupos de pacientes, mas *não podiam dizer nada de seu significado para qualquer indivíduo específico*. De certo modo essa era a essência do problema. Jamais dispus de uma coleção de células, em meu consultório, assim como nunca acolhi grupos estatísticos de pessoas (o presidente da Sociedade Britânica do Câncer, Sir David Smithers, afirmou certa vez que o câncer é uma doença das células tanto quanto um engarrafamento de trânsito é uma doença de automóveis. Em nenhum dos casos o estudo da coisa errada resolverá o problema. Não se pode acabar com o engarrafamento de trânsito estudando o motor de um carro, disse ele, assim como não se pode estudar o câncer estudando as células. Tudo é uma questão de ecologia geral: em um deles uma cidade, e no outro um ser humano). Tudo o que vi foram indivíduos únicos. O fato de a vida deles em sua totalidade — biológica, psicológica, espiritual — incluir a presença do câncer, era o que eles tinham em comum naquele momento.

Comecei a compreender lentamente a diferença entre estudar grupos de pessoas e estudar uma pessoa que pertença a esse grupo. São questões muito diferentes. Por exemplo, posso fazer previsões do grupo com alto grau de precisão, mas nenhuma do indivíduo. Na cidade de Nova York, posso prever cientificamente que na tarde de sexta-feira haverá um congestionamento de trânsito na ponte George Washington provocado pela quantidade de carros que saem para o fim de semana. Não posso, porém, fazer essa previsão em relação a uma determinada pessoa. Ela pode resolver ficar na cidade e ir ao teatro. O que eu estava descobrindo é que, embora um grupo possa ser descrito por estatísticas e disponha de previsões estatísticas, os métodos experimentais que aprendi e os modos de prever o que aconteceria *aplicavam-se unicamente a grupos e nada tinham a ver com o indivíduo*.

Os indivíduos não podiam ser estudados através dos métodos precisos com os quais analisamos os grupos, e eu, em meu trabalho, lidava com indivíduos. Eles tinham de ser estudados de modo muito diferente. Eu não podia aplicar conceitos e métodos de uma área que não se adequava a eles. Freud preveniu: "...é perigoso, não somente em relação aos homens, mas igualmente em relação aos conceitos, extraí-los da região de onde se originaram e onde amadureceram".[1] Eu precisava realizar uma pesquisa que fosse científica, mas que era muito diferente dos métodos da psicologia acadêmica. Era necessário combinar um método científico de estudo dos indivíduos com o método científico de estudo dos grupos.

Um caso que pode ilustrar isso é o relacionamento da inteligência com uma forma de câncer. Existe determinado câncer do sistema linfático, o mal de Hodgkin, que é encontrado em sua maioria em pessoas bem mais jovens. Ele pode ocorrer principalmente nos que têm 18, 19 anos e em adultos que se aproximam dos 30 e 40 anos. Entrevistei dez pessoas e trabalhei intensivamente com cinco, que apresentavam esse diagnóstico. Todas me impressionaram por terem uma inteligência acima da média, algumas até brilhantes. Teria eu descoberto isso ao acaso, pelo tipo de paciente que, naquela época, procurava o centro de tratamento de câncer em que eu trabalhava pelo fato de eu me preocupar muito com esses indivíduos e tender a superestimar sua inteligência, ou haveria uma relação real entre o diagnóstico do mal de Hodgkin e a inteligência? Obviamente, isso era algo para ser testado estatisticamente pelos métodos que fizeram parte de minha formação.

Concebi uma técnica e procurei o Centro Médico Walter Reed do Exército. Ali, dispunha-se de um grande grupo de homens que tinham passado por um teste de inteligência, imediatamente após terem passado por um exame físico e não demonstrado sinal de doença. Anos mais tarde, eles foram diagnosticados como portadores do mal de Hodgkin. Alguns soldados tinham passado por um teste bastante bom de inteligência de grupo (o AGCT) quando ainda eram saudáveis, de acordo com os resultados dos exames físicos. Mais tarde, durante os anos que serviram o Exército ou até depois, foram diagnosticados, pelo próprio Exército e pela Administração dos Veteranos, como portadores dessa doença. Nossa amostragem apenas de homens, contava mais de quatrocentos indivíduos. Se eles constituíssem uma amostragem tomada ao acaso dos alistados no Exército, deveriam alcançar, em média, a marca de 100 no teste AGCT. Não foi o que aconteceu. A média situava-se significativamente acima disso. Outras mensurações efetuadas no grupo confirmaram a mesma coisa.

O mal de Hodgkin é, portanto, seletivo. Tende a ser encontrado em pessoas situadas acima da média quanto à inteligência. (Aliás, é possível que isto seja verdadeiro para todo tipo de câncer. Que eu saiba, jamais foi testado.) Mas o que tal ocorrência significava exatamente? Cada pessoa usa a inteligência de maneira própria. Uma pode ser dada a grandes realizações. Outra, que vive em um universo percebido diversamente e que se sente a si e o outro de modo diferenciado, usará a inteligência de forma a pressionar seu desenvolvimento numa direção totalmente diferente. Com toda a certeza, uma inteligência brilhante não era a *causa* do mal de Hodgkin, assim como *não o eram* um vírus, a predisposição genética ou uma perda emocional. Não podemos apontar o tijolo de um prédio e dizer: "Ah, é por isso que o prédio se mantém em pé", ou "Vê esse tijolo? É o prédio inteiro."

Posso dizer certas coisas a respeito de grupos de pessoas que foram diagnosticadas como portadoras de câncer e de como a freqüência de determinados fatores (por exemplo, a morte de um cônjuge) diferenciou esse grupo e grupos "semelhantes" (de idade, classe social etc.) que não tinham esse diagnóstico. O único fator que diferenciava cem por cento do tempo os dois grupos era o diagnóstico (houve também pacientes portadores do mal de Hodgkin que mais tarde reencontrei e que apresentavam inteligência normal ou baixa). No entanto, a partir dessas mensurações "objetivas', eu não podia dizer nada a respeito de *indivíduos*, e era com eles que eu estava lidando. Nenhum grupo numeroso de pacientes com câncer esteve no meu consultório, mas sim indivíduos que eram portadores diagnosticados da doença. Como poderia o conhecimento de que setenta por cento dos pacientes com câncer (em oposição aos dez por cento de pacientes equacionados e controlados) tivessem perdido seus principais relacionamentos, em um período entre seis meses e oito anos, antes que o primeiro diagnóstico pudesse não só me ajudar a compreender mas também auxiliar a pessoa que me procurava com câncer no pâncreas? E mesmo que essa determinada pessoa estivesse incluída nos setenta por cento, em que *isso* ajudaria? Os fatos, inclusive os de nossa vida interior, jamais são mais importantes que o contexto em que eles se situam e quanto nossos sentimentos em relação a eles. Na verdade, separar os fatos do contexto no qual eles são vistos pelo próprio indivíduo é retirar deles o significado. Victor Frankl, o psiquiatra que tanto aprendeu sobre os seres humanos em suas experiências nos campos de concentração alemães, costumava contar a seguinte história, que servia de ensinamento: durante um bombardeio na Primeira Guerra Mundial, dois combatentes viram-se espremidos no fundo de um buraco feito por um obus. Um deles era oficial prussiano e o outro, um soldado austríaco. O oficial perguntou: "Você está com medo?" O soldado respondeu: "Estou apavorado." O oficial declarou: "Isso mostra a superioridade da minha raça e formação. Não sinto medo". "Não", replicou o soldado, "isso mostra a diferença, não a superioridade. Se o senhor sentisse a metade do medo que estou sentindo, já teria fugido há muito tempo".

Nada encontrei de importante entre as pessoas com as quais eu trabalhava que pudesse: *(a)* ser separado da pessoa como um todo; e *(b)*, ser quantificado. E no entanto ensinaram-me que para realizar uma pesquisa no campo da psicologia, para ser cientista, eu devia estudar o relacionamento entre os fatores que apresentassem essas características precisas. O simples fato de descobrir ou dar um número a "um alto grau de ansiedade" não diz nada que encerre algum valor. Que relacionamento esse "alto" nível de ansiedade (alto, segundo a técnica de mensuração que estivermos usando, provavelmente aquela que for "chique" e "*in*" em nossa área de trabalho, em determinada ocasião)* tem a ver com a pessoa em sua totalidade? O que conta é o *padrão* de seu modo de ser, de suas percepções e reações. Comecei a acreditar que tentar compreender o ser humano por intermédio das técnicas analíticas que aprendi, procurando decompô-lo em peças mensuráveis, era como tentar entender Van Gogh pela contagem de pinceladas e determinando a porcentagem delas que se inclina em determinada direção. Isso talvez se revelasse um exercício interessante e poderia me fazer sentir um historiador da arte "científico", mas, com toda a certeza, não me levaria a um entendimento maior da pintura nem a saber como reagir a ela.

Quanto ao que era verdadeiramente importante e único em cada pessoa, eu precisava muito mais. Tinha necessidade do sabor e dos modelos que a vida oferecia. Precisava de objetividade e de uma subjetividade disciplinada. Para minha grande surpresa descobri que a magnífica descrição que Tolstoi fez de um paciente com câncer, em *A Morte de Ivan Ilitch*, ajudava-me a compreender meus próprios pacientes muito mais do que as descobertas estatísticas sobre a incidência do câncer. Se eu quisesse aprender com as pessoas com as quais trabalhava (isso sem mencionar a ajuda que poderia prestar a elas), eu teria de compreender e entender a experiência delas. Isso ficava cada vez mais claro à medida que eu prosseguia. No entanto, em minha formação, foi contra essa própria subjetividade que me preveniram. Ensinaram-me que um cientista é objetivo e não se envolve pessoalmente com seu material.

---

* Como a medida psicológica do "nível de ansiedade" é predominantemente uma questão de moda! Lembro-me de épocas em que qualquer estudo que não adotasse a Escala Taylor de Ansiedade tinha grandes probabilidades de não ser publicado. Em outras ocasiões, cada pesquisador que trabalhasse nesse campo, usava contagens baseadas no Minnesota Multiphasic Personality Inventory. O Teste de Rorschach foi utilizado noutro período. Aguardamos o dia em que os instrumentos de medição serão isolados de acordo com a relevância que têm para o problema e não por sua importância em relação à moda atual.

Senti-me prisioneiro de um paradoxo. Se eu permanecesse em um patamar de objetividade, poderia entender apenas fragmentos e uma pequena parte de meus pacientes. Não poderia vê-los como um todo coerente e criaturas únicas que eram. Se eu os compreendesse e tivesse empatia com eles, estaria perdendo minha capacidade de ser cientista, de usar as belas e claras abordagens científicas que aprendera à custa de muita dedicação.

Os pacientes decidiram a questão. Ficou claro que, se eu quisesse ajudá-los, teria de me envolver, interessar-me por eles, cuidar deles. Eu não poderia fazer nada por eles mantendo uma postura fria, objetiva, distanciada, divorciada dos cuidados de que necessitavam.

Nesse período aprendi, em face de minha formação, que o terapeuta não pode ajudar realmente um paciente a crescer e a ficar bem, se não se importar muito com o paciente e seu bem-estar. Ensinaram-me que um terapeuta tem de ser objetivo e permanecer distanciado do paciente. Agora, sei que se não tiver uma profunda dedicação, pouco poderia fazer. São os cuidados do terapeuta pelo paciente que ensinam a esse último a ter por si os mesmos tipos de cuidados que lhe possibilitam realizar uma trajetória positiva.

(Eu, com toda a certeza, também tinha necessidade de ser objetivo e realista. Uma solução parcial que encontrei foi trabalhar com uma terapeuta supervisora, psiquiatra altamente experiente, com quem, duas vezes por semana, eu podia examinar detalhadamente o que estava fazendo, o que sentia em relação a meus pacientes e como os percebia. Ela me ajudou a manter o equilíbrio entre a objetividade e um envolvimento baseado na empatia e na dedicação.)

Não existe, portanto, conflito entre a objetividade e a subjetividade. A contradição é bem mais aparente do que real. Cuidar de uma pessoa significa cuidar dela como um todo, levar em conta seus aspectos positivos, bem como os negativos. Significa enxergar suas imperfeições e não apenas vê-la através de lentes cor-de-rosa.

Também descobri que não existe conflito entre uma psicoterapia em que eu me envolvo com meus pacientes e me preocupo profundamente com o destino deles, e os belos e elegantes métodos experimentais que fizeram parte de minha formação. Acredito que somente combinando as duas abordagens — a clínica e a experimental — estaremos a caminho de uma verdadeira ciência da consciência e do comportamento humano, para a psicologia do homem.

A segunda área em que eu tinha de transcender minha formação na pesquisa do câncer era a questão de como se pratica a psicoterapia. Que tipo de abordagem à terapia, que teoria geral seriam as mais úteis?

O ponto de vista teórico que levei para esse trabalho era claramente psicanalítico. Eu achava então que os conceitos freudianos eram suficientes para lidar com todo o comportamento humano e explicá-lo. Minha formação fora bem razoável quanto a esse conjunto de conceitos, tanto no Exército quanto na Universidade de Chicago. Além disso, submeti-me a dois anos de uma terapia analítica modificada (no divã, com livre associação e interpretações de sonhos — apenas três vezes por semana!). Estava profundamente impressionado com a inteireza da teoria, a aparente capacidade de explicar tudo o que os seres humanos faziam e sentiam. E mais, a teoria possuía uma beleza, elegância e uma consistência me pareceram muito atraentes.

Naturalmente, quando iniciei a parte terapêutica da pesquisa, empreguei um quadro de referência psicanalítico. Ficou claro que não era possível adotar procedimentos ortodoxos com pacientes hospitalizados, submetidos a profundo estresse físico e emocional, mas as idéias e os conceitos deveriam ser possíveis. Eles indicariam que áreas e que temas seriam mais frutíferos.

(A idéia de que existe uma terapia pura e não direcionada é um mito. Se, em seu discurso, o paciente se referir a três temas, e se nós comentarmos ou interpretarmos um deles, estaremos dirigindo o desenrolar e a direção da terapia. As idéias do terapeuta sobre o que é superficial e pode levar a qualquer outro tema, sobre o que é primordial e digno de interpretação, o tipo e o conteúdo da interpretação, etc., tudo indica ao paciente do que trata a terapia e que direção ela deve tomar para se obterem progressos. Mesmo que o terapeuta permaneça fora do campo de visão do paciente e faça comentários com pouca freqüência, essas coisas, bem como as próprias interpretações, a forma e o conteúdo das mesmas propiciam ao paciente pistas muito sugestivas. Não existe um processo que se dê entre duas pessoas e apenas uma dirija a trajetória dos acontecimentos. Pode alguém acreditar, por exemplo, que as atitudes de um terapeuta em relação à escravidão, à violência sexual contra crianças ou até mesmo os relacionamentos entre homens e mulheres não influenciem o desenrolar de um programa terapêutico do qual o paciente faz parte?)

Após um período considerável, empregado em tentativas de aprender com os pacientes portadores de câncer que procuravam o Instituto de Biologia Aplicada, senti que tinha ido até onde podia com as entrevistas (que duravam de uma a oito horas com cada pessoa), e os testes projetivos. Parecia-me que a melhor maneira de chegar a compreender realmente outra pessoa era empreender um programa psiquiátrico com ela.

Surgiu então um problema ético imediato. Um programa psicoterapêutico é destinado a ajudar alguém, e qualquer procedimento suficientemente vigoroso para oferecer uma ajuda em potencial também o é para oferecer uma agressão em potencial. Havia muito poucos pontos de referência. Eu não conseguia encontrar alguém que tivesse uma experiência prolongada nesse campo e dispusesse de um único estudo que relatasse uma psicoterapia intensa com portadores de câncer (o estudo realizado em 1928 por Eliua Evans, terapeuta junguiana, embora tenha sido de grande ajuda, estava muito longe de resolver os problemas éticos que eu enfrentava).

Dois fatores possibilitaram o meu engajamento na terapia com esses pacientes. Em primeiro lugar, cada paciente do instituto era submetido diariamente a um minucioso exame bioquímico e, assim, eu dispunha de pelo menos algumas indicações sobre o efeito de meu trabalho com eles. O segundo fator foi que, durante os primeiros cinco anos do programa, trabalhei apenas com pacientes "terminais", ou seja, aqueles cujo prognóstico médico padrão afirmava que não havia mais nada a ser feito e que em breve morreriam. Dispondo desses dois fatores, senti que seria eticamente legítimo prosseguir.

Minha sólida orientação psicanalítica ditou a abordagem da terapia. As sessões eram direcionadas para o passado e a infância dos pacientes. Empregavam-se a interpretação dos sonhos e livres associações modificadas. Eu, na medida do possível, era uma tela em branco, a fim de encorajar o desenvolvimento da transferência, e assim por diante. Os pacientes cooperavam muito, porém após um ano e meio, eu me sentia cada vez menos à vontade, por três motivos.

Primeiro, havia algo definitivamente errado com o objeto de nossas discussões. Ao trabalhar com um homem golpeado pelo destino, cuja situação de vida era profundamente crítica e estressante, com um câncer no fígado fora de controle, conversar com ele sobre sua rivalidade com os irmãos e como tinha sido treinado na infância para ir ao banheiro significava claramente evitar a realidade em função de uma teoria.

Eis o que declara o terapeuta de família Nathan Ackerman:

> "Na teoria psicanalítica, as realidades presentes são deixadas de lado e ignoradas para que se possa construir e trabalhar a transferência. Elas permanecem assim até que o paciente compreenda as distorções por que passou em sua infância."[2]

Foi essa a formação que recebi para trabalhar como terapeuta, mas, no meu caso, ela não parecia ser aplicável.

Durante essa época ocorreu um incidente que envolvia a sra. Sarah Connell, a principal assistente social da Sociedade de Saúde Mental de Manhattan. Uma mulher telefonou-lhe pedindo conselhos. Ela e o marido estavam fazendo terapia psicanalítica, ele há seis anos e ela há quatro. O analista do marido aumentara seus honorários no momento em que os rendimentos do marido diminuíram. Ele se sentia constrangido demais para discutir o problema financeiro com o analista. A mulher perguntava se a sra. Connell achava admissível ela telefonar ao analista do marido e pô-lo a par dos fatos. Eis a resposta da sra. Connell: "Se a senhora está fazendo terapia, por que não discute o assunto com seu analista?". Fez-se um momento de silêncio e a mulher disse: "Sra. Connell, esse é um problema que diz respeito *à realidade*".

Realmente, era nessa situação que eu me encontrava com meus pacientes. Ignorava o presente deles que era um verdadeiro pesadelo, e focalizava o passado. O presente imediato era esmagador e terrível. Era o aspecto factual da vida deles. E eu ignorava isso conduzindo a terapia em outra direção, na base de uma teoria. Isso não é aceitável na ciência.

O segundo motivo pelo qual eu me sentia cada vez menos à vontade com a abordagem psicanalítica era que, no meu trabalho, eu fazia observações que não se encaixavam nos quadros freudianos de referência.

Nas descrições de pacientes e nas discussões sobre a teoria da personalidade que se encontram na literatura psicanalítica, geralmente é difícil nos depararmos com colocações de natureza positiva. Naquela época, se por ocasião de um congresso de dirigentes que seguiam uma orientação psicanalítica empregássemos termos como *coragem, força* (com exceção de *força do ego*!), *amor, compaixão, determinação, temor religioso*, sem dúvida passaríamos por maus momentos com os colegas, que sempre incluíam referências à contratransferência e faziam sugestões no sentido de o manifestante voltar para terminar sua própria análise! (O problema que estou descrevendo ocorreu há mais de trinta anos. Atualmente a situação mudou um pouco.)

O comportamento positivo era encarado como resultante de combinações de mecanismos de defesa do ego, como a sublimação, a transformação-reação e a supercompensação empregadas para controlar impulsos patológicos. Os impulsos positivos eram encarados como ilusão. (Conta-se que uma secretária de um analista pediu demissão semanas depois de ser admitida. Quando lhe perguntaram o motivo, ela respondeu: "Eu não agüentava mais. Se eu me atrasasse, ele interpretava como hostilidade. Se chegasse cedo, é porque estava ansiosa. Se eu chegasse na hora, eu era compulsiva". A história é apócrifa, mas seria alheio à orientação da teoria psicanalítica pensar que a secretária chegasse cedo porque tinha coisas a fazer e se orgulhava de ser competente no trabalho; era pontual porque era paga para isso ou se atrasava por causa do trânsito).

Gordon Allport descreveu essa atitude como "uma espécie de deesprezo pela superfície psíquica da vida. O relato consciente do indivíduo é rejeitado como algo indigno de confiança e a conduta que ele adota no momento é atribuída a estágios formativos anteriores." O educador Lawrence Brody denomina isso "Fenômeno Hã". Toda vez que o paciente diz algo, o terapeuta reage interiormente: "Hã! Sei o que *isso* significa". O indivíduo perdeu o direito de ser acreditado (o impacto do conceito grandemente difundido de que a patologia é a estrutura natural e básica da personalidade humana é indicado pela mãe moderna e "sofisticada" que se só se sente tranqüila quando seu filho é agressivo. "Ele está expressando uma rivalidade com os irmãos. É normal e sei com lidar com isso." No entanto, se a criança for bem comportada, alegre, solidária e feliz, a mãe se preocupa e se põe a imaginar: "Onde está a agressividade? Por que ele não a demonstra? O que estará reprimindo?").

Era essencialmente essa a visão da natureza humana que eu levei para a psicoterapia com pacientes portadores de câncer. No entanto, à medida que ia trabalhando com eles, comecei a observar coisas que simplesmente não se encaixavam nesse ponto de vista. Quando alguém é aberto e trabalha com pessoas cuja vida está terrivelmente ameaçada, há uma curiosa nudez. As defesas e máscaras habituais tendem a cair. Deparamo-nos com uma pessoa "aberta". Relacionando-me desse modo com meus pacientes, descobri neles uma "coragem" que não era uma formação-reação, ou uma sublimação de qualquer outra coisa, mas um "amor" que não era uma substituição edipiana: havia neles "dedicação", "altruísmo" e "compaixão" viscerais. De repente descobri-me *respeitando* e *admirando* meus pacientes. Eram emoções para as quais eu não fora preparado de maneira nenhuma, em minha formação psicanalítica.

A fé básica da ciência é que, se os fatos não se adequam à teoria, esta deve ser abandonada. É o princípio subjacente a nossa ciência, embora, em geral, ele seja mais seguido em suas brechas do que em sua observância. Ainda assim era o bastão em que eu me apoiava. Vendo toda minha formação e todo meu aprendizado de pernas para o ar, verifiquei que minhas observações concordavam com Carl Rogers, quando ele escreveu:

"Um dos conceitos mais revolucionários que dimana de nossa experiência clínica é o reconhecimento cada vez maior de que o âmago da natureza do homem, os níveis mais profundos de sua personalidade, a base de sua 'natureza animal', é positivo quanto ao caráter, é basicamente socializado, move-se para a frente, é racional e realista."[3]

O terceiro motivo pelo qual eu me senti cada vez menos à vontade com a abordagem psicanalítica de pacientes com casos graves de câncer é que no final de quase um ano e meio eu pude constatar que a terapia exercera pouco ou nenhum efeito sobre o desenvolvimento da doença. Embora alguns pacientes aparentassem uma melhora devido à terapia e dessem a impressão de que ansiavam pelas sessões, todos morreram e, até onde posso afirmar, no mesmo prazo em que teriam morrido sem o trabalho que realizávamos.

A terceira área em que tive de transcender minha formação constituía um aspecto básico da psicoterapia. Era o problema da interrogação subjacente do terapeuta. Quando procuro um terapeuta, invariavelmente ele se faz uma pergunta básica: "Quais são os sintomas? O que está oculto e os provoca? O que posso fazer em relação a isso?". Inicialmente, Freud foi neurologista. Aplicou à psiquiatria as interrogações básicas da clínica neurológica ("Quais são os sintomas? Onde está a lesão oculta que os provoca? O que posso fazer em relação a isso?"). Em ambos os casos, as amplas partes do sistema nervoso ou da personalidade que estão funcionando bem, ou que pelo menos não provocam os sintomas, são bastante ignoradas.

Desde Freud, toda a psicoterapia dinâmica se apoiou nessas indagações. No entanto, à medida que fui trabalhando com meus pacientes, verifiquei que prosseguir nessa trajetória de nada adiantava, pois não afetava o crescimento do tumor. Por mais profunda que fosse nossa investigação, por mais que nos empenhássemos em pôr a nu as lesões psicológicas ocultas do passado, por mais que quiséssemos descobrir o que não deu certo no início do processo e trabalhássemos o problema, os tumores prosseguiam no mesmo ritmo. Quase sempre era valioso para o paciente, no plano psicológico, realizar essas investigações. Muitos sintomas *psicológicos* foram esclarecidos. Entretanto, parecia não haver relação entre aquilo que fazíamos em nossas sessões de terapia e o progresso do neoplasma.

Aos poucos, à medida que eu ia compreendendo mais os pacientes, ficava mais claro que minha indagação a respeito daquelas pessoas não era correta. Era por demais estreita, focalizava exclusivamente a patologia, as distorções do passado e os problemas da infância. Eu precisava de uma pergunta que fosse mais ampla e abrangente, que incluísse mais as alegrias, as esperanças e os sonhos. Por um certo período, comecei a desenvolver e a trabalhar cada vez mais com uma interrogação básica e diversa na psicoterapia: "O que há de certo nesta pessoa?" Qual é a maneira de ela expressar aquilo que é, sua criatividade, sua capacidade de relacionamento, de modo a usar o máximo de si de uma maneira mais válida? Como deveria ser sua vida para ela se sentir contente ao se levantar pela manhã, e igualmente contente ao se deitar, à noite, usando o máximo de si, da cabeça aos pés, e da maneira mais correta? Que espécie de ser é essa pessoa? Será um olmo, um carvalho, um salgueiro, uma macieira? Em que tipos especiais de solo floresceria melhor, que combinações específicas de sol e de sombra ela necessitaria etc.? Qual é sua maneira própria de ser, de relacionar-se, expressar-se, criar, e que só é válida para essa pessoa? O que bloqueou a percepção que ela tinha de tudo isso no passado? O que bloqueia sua expressão hoje? Qual é seu "verdadeiro nome", o que a impediu de usar esse nome? Como podemos agora ir em direção a uma ampla vivência do ser?

Quando os pacientes entenderam as minhas indagações e se envolveram com as suas próprias, as mudanças começaram a acontecer. Em primeiro lugar, *o tom* da vida deles parecia, de um modo geral, mudar para melhor. Interessava-lhes mais a vida e o fato de estarem vivos do que a doença e a morte. Havia mais prazer e entusiasmo. E mais, à medida que eles se empenhavam para descobrir as respostas e se engajavam no problema, freqüentemente passavam a reagir melhor ao tratamento médico a que se submetiam, fosse qual fosse a natureza do tratamento. Aqueles que faziam um tratamento meramente paliativo demonstravam um retardo notável na velocidade de crescimento do tumor e, em alguns casos, apresentaram uma inversão de longo prazo. Outros, para cuja condição, na época, não havia nenhum tratamento disponível (como o caso de um paciente com tumor cerebral infiltrante) ainda estão vivos e bem, já há quinze ou vinte anos. De um modo geral, os que passaram por tais remissões não apenas descobriram qual era "sua própria canção", como também "seu próprio ritmo". Outros modificaram a vida, em maior ou menor grau, para cantar as próprias canções e tocar a própria música.

Esse método, que descrevi em outras publicações e que tem formado psicoterapeutas nos últimos cinco anos parece estar relacionado ao crescimento do tumor. Parece que diminui a velocidade do desenvolvimento do tumor na maioria dos pacientes que se engajam e passam a utilizá-lo realmente. Há pouco tempo supervisionei todos os pacientes que trabalharam intensivamente comigo num período de quatro anos, trabalho esse que teve início há oito ou doze anos. Selecionei desse grupo apenas os que, de acordo com padrões médicos razoáveis, eram considerados "terminais", ou seja, que tinham um prognóstico médico de uma sobrevida de um ano. Vinte e dois pacientes se encaixavam nessa categoria. Deles, doze ainda viviam em boas condições. Parece que esse método consegue cinqüenta por cento de remissão de longo prazo, em pacientes com câncer que não reagem bem aos métodos atualmente utilizados pela medicina de ponta.

Parece também modificar a qualidade dos sentimentos da maioria dos pacientes. Ao procurar ativamente o significado da vida e um "estilo" natural próprio, eles sentem-se mais como exploradores ativos do que como pessoas doentes. O enfoque está na vida, e não na doença ou na morte (disse Epicteto: "Onde a vida está presente, a morte se ausenta" e a mudança do enfoque tende a exercer um efeito muito positivo sobre os sentimentos). Tenho também a forte *impressão* — ela não se apóia em dados sólidos — de que essa atitude tendia a refrear a velocidade do desenvolvimento do tumor, até nos que morreram.

Essa psicoterapia tradicional fez com que eu me concentrasse na terapia direcionada aos aspectos da situação que não pareciam ter relevância. Eu observava repetidamente certas coisas que não se encaixavam no sistema e o fato de elas não exercerem um efeito positivo no desenvolvimento do tumor fez com que eu reavaliasse meu conceito sobre o que é o ser humano, bem como a abordagem psicanalítica da personalidade.

A distância, decorridos tantos anos, creio que existe uma estranha distorção em nossa atual visão de Sigmund Freud e do que ele contribuiu para a nossa compreensão e para a sociedade. Seu nome é chave no século XX. Toda a psicoterapia moderna séria apóia sua estrutura básica inteiramente na contribuição que Freud fez ao conhecimento. Pelo menos em doze campos diferentes grandes mudanças ocorreram, por causa de suas idéias. É também verdade que seu gênio foi constantemente subestimado e que lhe deram pouco ou nenhum crédito por grande parte de sua contribuição à ciência.

Existem cinco conceitos básicos de Freud que colaboraram para a compreensão do homem. Quatro deles indicam ser contribuições permanentes aos instrumentos conceituais de que dispomos para lidar com a realidade. É estranho que a ele tenha-se creditado apenas o instrumento que apresenta todas as possibilidades de em breve ser superado, se é que já não foi, ou que pelo menos, está restrito a pequenos e especiais grupos de pacientes.

Eis as contribuições de Freud que considero da maior importância:

1. O conceito de um método científico por intermédio do qual podemos nos enriquecer mutuamente e ajudar os indivíduos a superar aquilo que os impede de crescer, bem como as confusões e amarras que tanto restringem nossas capacidades e alegrias. Antes dele, desconhecia-se semelhante método.

2. Um exemplo desse método é a psicoterapia psicanalítica (a única contribuição que, em geral, credita-se a Freud).

3. A idéia de que o modo de estudar a mente com sucesso não é através do método desenvolvido pelos físicos para estudar os objetos,

mas de um método científico muito diferente, porém igualmente válido. Embora essa idéia não tenha origem em Freud, foi ele o primeiro a desenvolvê-la até o ponto de ter real utilidade.
   4. O fato de que a mente humana é:
      a) dinâmica: possui constante fluidez e movimento;
      b) complexa, apresenta vários níveis de consciência e uma clareza que interage constantemente;
      c) Compreensível.
   5. O mesmo método pode ser usado para compreender a mente, o comportamento dos seres humanos e curar os problemas psicológicos do indivíduo.

   Não é fácil, nos dias de hoje, avaliarmos como eram revolucionárias essas idéias, quando Freud chamou nossa atenção para elas. Foram aceitas e constituem parte da estrutura com a qual enfrentamos os outros e a nós mesmos. Foi, porém, necessário que um dos maiores gênios que a humanidade jamais produziu descobrisse, desenvolvesse e esclarecesse essas idéias e nos desse os instrumentos e conceitos básicos, para que pudéssemos explorar esse terreno vasto e desconhecido que é a mente humana.
   Descrevi com alguns detalhes o longo projeto de pesquisa sobre os aspectos psicossomáticos do câncer de modo a esclarecer como tive que mudar meu próprio ponto de vista para lidar com as minhas observações. Atualmente, parece-me que para poder compreender as pessoas a quem eu atendia, que atravessavam uma grande crise e estavam profundamente mergulhadas na condição humana, eu tinha de adotar novos conceitos e transcender minha formação de inúmeras maneiras. Parece-me também que a mesma necessidade de mudança e de crescimento é válida para o campo da psicologia como um todo. Nosso tema *é* a condição humana. Se existe alguma justificativa para nossa existência, ela se liga ao fato de podermos ajudar a compreender ainda mais as alegrias e os temores, os terrores e as exaltações, os brilhos discretos e as esfuziantes explosões de luz da existência humana. Para isso, precisamos nos expandir para além dos laboratórios estéreis onde passamos boa parte do tempo. Não devemos esquecer o que ali aprendemos, o rigor e a beleza dos métodos experimentais, mas precisamos usá-los a serviço da ajuda que prestamos a nós mesmos e aos outros, objetivando nosso potencial.
   Não são apenas os laboratórios que precisamos transcender. É também a visão estreita que adotamos em relação aos seres humanos nos consultórios e como ignoramos os grandes aspectos da vida na psicoterapia que praticamos. Com a excessiva concentração na patologia, com a tendência a "explicar" *tudo* na base de distorções da

realidade ocorridas na infância e pela parca compreensão dos pais deixamos do outro lado da porta grande parte de nós mesmos. Se, por exemplo, perguntarmos a um psicoterapeuta comum por que, na história da humanidade, tanta gente vem sacrificando repetidamente o seu bem-estar psicológico, o conforto físico e às vezes a própria sobrevivência com fins espirituais, e, sabendo disso, por que ele não presta atenção aos fatores espirituais de seus pacientes, provavelmente ele nos olhará perturbado, irá murmurar que tudo isso é uma grande confusão e uma atividade primitiva que, nós, terapeutas, devemos eliminar. Mais adiante, provavelmente os pacientes farão sugestões no sentido de que nós não *trabalhamos* nossos conflitos nessa área e que eles terão o prazer de nos ver com regularidade (talvez até dar um desconto), para nos ajudar a resolver nossas dificuldades.

Raramente o moderno terapeuta tem a devida formação ou está equipado para lidar com os aspectos espirituais do ser humano, encorajando-os e fortificando-os. A maior parte dos demais aspectos positivos é que nos torna mais do que animais e mais do que casos patológicos. Trata-se também da criatividade, do amor à beleza e à verdade, da "honra e da fé em um intento seguro", da busca do significado de nossa existência. O fato de um terapeuta famoso declarar, como aconteceu, que "unicamente os filósofos e os depressivos perguntam qual é o significado da vida", reduz todos nós a um nível mais baixo do que o em que já nos encontramos. É discutível saber o que é pior para os cientistas que estudam os sentimentos e o comportamento humano: explicá-los como um conjunto de arcos reflexos conectados ou como uma coleção de formações-reações a impulsos patológicos, e determinar qual deles é mais nocivo para o efeito que causam nas atitudes que temos em relação a nós mesmos e ao futuro da humanidade. Tudo isso desempenha um papel em nossa vida, mas não explica melhor nossa existência do que os pinos e parafusos que mantêm e constituem um automóvel. Platão, há muitos séculos, abordou esse problema em *Fedo*; é necessário que os psicólogos levem em consideração o que ele diz, se quiserem alcançar seu objetivo de ajudar as pessoas a se aproximarem de seu potencial de esplendor.

> "Paira, com toda a certeza, uma estranha confusão de causa e condições em tudo isto", afirma Sócrates. "Posso dizer, com efeito, que sem os ossos, os músculos e as demais partes do meu corpo não posso executar meus propósitos. Dizer, porém, que ajo como ajo por causa deles, e que é assim que a mente atua e não a partir da escolha daquilo que é melhor, não passa de uma maneira de dizer muito descuidada e fútil. Imagino que eles não conseguem distinguir entre as causas da

condição que tanta gente, tateando no escuro, sempre confunde e denomina erroneamente." (tradução do original de Jowett).

É sobretudo por esse motivo — o fato de os cientistas, que deveriam ser responsáveis pelo trabalho dos aspectos espirituais e aspiracionais dos seres humanos rejeitarem essa área como algo indigno — que as pessoas que buscam essas partes de si mesmas procuram sempre grupos irresponsáveis, predatórios, que fingem ter conhecimento e métodos que ajudam-nos a crescer. São os psicólogos os responsáveis pelo enorme inchaço e pelas gordas contas bancárias de grupos como a Dianética, o Controle da Mente (Mind Control) e a recente popularidade dos que acreditam histericamente ou que fingem conscientemente ser um "canal" de espíritos desencarnados (um desses grupos, sediados na Califórnia, é claro, oferece fins de semana de "canalização" para quatrocentas pessoas por vez, a quatrocentos dólares cada uma). Quando os psicólogos se derem conta de que esses aspectos positivos são aspectos reais do ser humano e são de imensa importância para nós, as pessoas não precisarão buscar a solução para suas necessidades nas mãos de gurus de segunda categoria, de charlatães e sujeitos que fazem fortuna com essas esperanças e aspirações.

9

PRESSUPOSTOS NECESSÁRIOS A UMA CIÊNCIA HUMANA

> "Para que a civilização sobreviva, devemos cultivar uma ciência de relacionamentos humanos, a capacidade de todas as pessoas... de viverem juntas... no mesmo mundo, em paz.."
> — Discurso a ser feito por Franklin Delano Roosevelt, no Dia de Jefferson, em 1945. Ele não viveu para pronunciá-lo.

Aqueles que têm acreditado firmemente no método das ciências físicas há muito presumiram que ele constituía a única e legítima fonte de conhecimento. Nos últimos cem anos nossa cultura tem atribuído geralmente às ciências físicas aquela designação que o famoso tradutor de Platão, o mestre do Balliol College, de Oxford, jocosamente atribuiu a si mesmo:

Sim, meu nome é Benjamin Jowett.
Se uma coisa é conhecida, eu a conheço.
Sou o Mestre desta escola.
Se eu não a conheço, não é Conhecimento.

Partindo desse pressuposto geral, qualquer aspecto da realidade que não fosse passível de investigação por esse método era suspeito e relegado às trevas exteriores. Como o método é aplicável *unicamente* a coisas mensuráveis e a fenômenos recorrentes que poderiam ser previstos, acreditava-se que o aspecto mais importante dos seres humanos — sua consciência e seu comportamento carregado de significados — situava-se fora do âmbito da ciência e da investigação. Os psicólogos, como parte da cultura e acreditando em sua sabedoria convencional, tentaram e continuam tentando desesperadamente, aplicar esse método aos seres humanos, ou restringir a pesquisa psicológica unicamente aos aspectos do que significa ser humano e que poderiam ser estudados. Cada fracasso só serviu para que os psicólogos tentassem novamente e com mais empenho. O lema deles parecia ser: "Se a porca é estreita e não se encaixa no parafuso, arranje outra mais larga e comece a fazer força."

> "Embora nesses últimos 120 anos, durante os quais a ambição de imitar a Ciência em seus métodos, mais do que em seu espírito, dominou os estudos sociais, ela em quase nada contribuiu para nossa compreensão dos fenômenos sociais... solicitações de mais tentativas nessa direção ainda nos são apresentadas como a última inovação revolucionária que, se adotada, garantirá um progresso rápido, como jamais sonhamos".[1]

Um esclarecimento e uma recapitulação parcial da questão primordial abordada neste livro estão presentes neste capítulo.

Nossa cultura acredita que existe *um* método básico de ciência, o que é empregado nas ciências físicas. Com sua ênfase na objetividade, na previsibilidade, na análise do material em seus componentes básicos, na quantificação e na interpretação dos dados em termos de como uma máquina funciona, esse método foi responsável por um tremendo progresso.

O que em geral não se reconhece hoje em dia é o fato de essa abordagem metodológica ser válida apenas para certos domínios da experiência e não para outros. Não é válida para a exploração da consciência e do comportamento humano; pelo contrário, nesses domínios ela foi responsável pelo desastre da psicologia moderna.

No campo da experiência, da consciência e do comportamento humano outro método se fez necessário e foi elaborado no início do século XX. Os métodos estruturados para o estudo das ciências naturais foram detalhadamente descritos e esmiuçados. Várias designações foram aplicadas a ambos os métodos.

Ernest Rénan denominou-os *La Science de l'Humanité e La Science de la Nature*. O filósofo Wilhelm Dilthey designou-os como *Geisteswissenschaft e Naturwissenschaft*. O filósofo Wilhelm Windelband e, mais tarde, o psicólogo Gordon Allport chamaram de ciência ideográfica e ciência nomotética.

Estas são duas metodologias fundamentalmente diferentes para a exploração científica. Valem igualmente para os domínios da experiência para os quais foram projetadas, e serão inúteis se forem usadas em outros domínios. Por exemplo, a *Science de la Nature* destina-se ao estudo das entidades físicas que podem ser percebidas através dos sentidos ou por meio de extensões instrumentais dos sentidos. Se usada nesse campo, ela funciona muito bem. Não foi designada para o estudo da consciência. Usá-la com essa finalidade só porque foi bem-sucedida no campo para o qual foi planejada, é como guiar um fantástico Rolls-Royce de San Francisco a Nova York e, ao chegar, dizer: "O Rolls-Royce funcionou tão bem que prosseguirei minha viagem até Londres." Ele não foi projetado para percorrer mais esse trecho e não vai demorar para apresentar defeitos, tal como aconteceu com a psicologia, quando recorreu ao mesmo raciocínio e tentou a mesma manobra com a *Science de la Nature*.

Até agora demonstrei como a psicologia errou ao escolher o método das ciências físicas, o que não é muito difícil de se fazer. Basta apontar a carência de resultados, as centenas de teorias que surgem a toda hora e têm muito pouco — se é que têm alguma coisa — a ver umas com as outras, bem como a irrelevância que a maior parte delas apresenta para a vida humana, para não dizer da crescente banalização do campo. Muito mais importante, entretanto, é a necessidade de prosseguir daqui para a frente, de descrever um conjunto de pressupostos mais relevantes e proveitosos, um método mais útil. É o que me proponho a fazer a partir de agora.

Mais cedo ou mais tarde cada campo da ciência terá que definir e enfrentar sua tarefa indivídual e crítica. Para a física e a química dos séculos XVIII e XIX, a tarefa era: "Como posso lidar com dados objetivos?", apoiando-se naquelas observações que qualquer um poderia fazer e para as quais havia um consenso. Uma mesa pode ser vista e tocada por qualquer pessoa interessada. Podemos concordar quanto ao seu tamanho ou como medi-la. Podemos descobrir meios que nos permitam prever com precisão quanto peso ela poderá suportar sem quebrar, e como quebrará, se for o caso. Em resumo, todos nós podemos observar as mesmas coisas e concordar sobre o que vemos, sobre como as definimos, como as medimos e o que queremos dizer quando as "explicamos". Os dados têm um acesso *público*.

Algumas das explicações envolveriam certas estruturas que não podem ser vistas ou tocadas. Moléculas, átomos e elétrons teriam de ser inventados para explicar a rigidez e a resiliência dos metais, mas foram exatamente a rigidez e a resiliência que nos interessaram, pois os "fatores observáveis" podiam ser examinados com os olhos e mãos (ou com instrumentos que ampliassem a sensibilidade de ambos). Concordaríamos com suas qualidades e sua importância. De acordo com as palavras de Lewis Mumford,

"O método das ciências físicas, tal como foi desenvolvido nos séculos XVII e XVIII, apoiou-se fundamentalmente em alguns princípios simples. Primeiro: a eliminação das qualidades, a redução do complexo ao simples, ao se prestar atenção unicamente aos aspectos de ocorrências que pudessem ser pesados, medidos e contados; e ao determinado regime de tempo-espaço que pudesse ser controlado e repetido, ou, no caso da astronomia, cuja repetição pudesse ser prevista. Segundo: concentração no mundo exterior e eliminação ou neutralização do observador no que diz respeito aos dados com os quais ele opera. Terceiro: isolamento; limitação do campo; especialização do interesse e subdivisão do trabalho".[2]

O método, ideal para as ciências físicas, não podia ser adaptado ao estudo da consciência e do comportamento. Não só inexistiam os princípios e restrições que Mumford descreve como possíveis, mas o próprio conceito de *explicação* — o que queremos dizer com "explicar" algo? — tinha que ser diferente. Em relação a isso, o historiador R.G. Collingwood assim se refere:

"Quando um cientista indaga: 'Por que aquela folha de papel de tornassol ficou rosada?', ele quer dizer: 'Em que ocasiões as folhas de papel de tornassol ficam rosadas?' Quando um historiador pergunta: 'Por que Brutus apunhalou César?', ele quer dizer: 'O que Brutus pensou e que o fez decidir apunhalar César?' Para ele, a causa do acontecimento significa o pensamento presente na mente das pessoas através das quais o acontecimento se deu..."[3]

A diferença essencial que torna irrelevantes os pressupostos da ciência física está na natureza da "tarefa crítica" da psicologia. Enquanto uma ciência não enfrentar e definir sua tarefa crítica e desenvolver um método apropriado, não poderá efetuar um real progresso. A tarefa crítica da psicologia tem sido aprender a lidar com dados que estão parcialmente à disposição do acesso público, ou seja, os dados que incluem os processos que não podem ser observados por mais de uma pessoa. Todos os dados da física encontram-se à disposição do acesso público. Os dados da psicologia estão em parte disponíveis ao acesso público e os demais apenas ao *acesso particular; só podem ser observados por uma pessoa*. Isso não os torna menos *reais*, apenas determina a necessidade de encontrar um método para estudá-los.

Minha consciência, minha experiência interior, por definição aberta a apenas uma pessoa, ou seja, a mim mesmo, ao acesso particular, é real. O mesmo se dá com a sua e, se você duvidar disso, sugiro que vá correndo, e não andando, consultar um bom psiquiatra; está na hora de considerar a possibilidade de tomar torazina ou haldol.

No entanto nada existe em minha consciência que possa ser medido por uma escala com a qual ambos concordamos, que possa ser quantificado de alguma maneira ou ser estudado por métodos cujos pressupostos defini tão exaustivamente no início deste livro.

Para estudar a consciência e o comportamento precisamos de um método diferente com diferentes pressupostos. Quais seriam alguns deles? Vamos defini-los brevemente e, em seguida, examiná-los com mais detalhes. (Darei alguns exemplos de como esse método tem sido usado com proveito há tempos e o que ele promete para o futuro.) Referimo-nos aqui a um método para a psicologia que seja adaptável ao domínio da experiência, sobre os tipos de dados com os quais estamos lidando. Quando uma disciplina procede dessa maneira, formaliza e amolda seu método relevante, e converte-se, então numa ciência que começa a caminhar.

Os pressupostos básicos para o estudo da consciência humana e do comportamento individual são os seguintes:

1. Todas as divisões que se dão em relação aos dados do campo a ser estudado, tais como consciente-inconsciente, influência cultural e familiar, natureza-nutrição, estrutura e função, são artificiais e destinam-se unicamente a propósitos descritivos. São *heurísticas*, isto é, não são "reais", porém as impomos aos dados de modo a facilitar nosso estudo, conceituar esses dados e comunicar nossas idéias. Não existem partes separadas e descontínuas na consciência ou entre ela e o comportamento de uma pessoa. Meus pensamentos não terminam onde começam meus sentimentos. Nem existe um ponto de interrupção entre nossas recordações e as atuais percepções e avaliações do que percebemos.

2. Qualquer experimentação na psicologia deve conter, como uma das variantes principais, a situação psicológica e social total da pessoa e incluir o relacionamento com aquele que realiza a experiência. Isso deve constar de cada relato, pois não há um relacionamento ou situação psicológica "padronizados". Talvez existam condições padronizadas de pressão atmosférica e de gravidade para uma experiência química e, em conseqüência, pode ser desnecessário "declará-las". Não existem, porém, condições padronizadas para uma experimentação psicológica.

O psicólogo experimental jamais pode ser uma "testemunha transparente" (conforme nos aconselha o manuscrito medieval), pois está lidando com uma *situação interpessoal* em qualquer experiência que realizar. Ainda que todas as instruções para o participante da experiência sejam transmitidas por um computador, este ainda continua sendo o seu representante, e é o *participante* quem propicia o *status* e a autoridade do computador. Nenhuma situação de laboratório é individual; cada uma delas conta com um participante e um realizador da experiência. A atitude do sujeito em relação ao experimentador influencia o comportamento deste último no laboratório.

3. O estudo da psicologia é o estudo da consciência e do comportamento significativo do indivíduo. São esses os dois domínios em que se dá a experiência. O domínio do comportamento desprovido de significado (comportamento reflexo) é o terceiro domínio da experiência, e o estudo dos grupos é o quarto. Identicamente ao que foi dito acima, existem apenas divisões heurísticas. O organismo age como um todo, com seus reflexos e o comportamento do grupo, inclusive.

4. Todo comportamento tem um objetivo que deve ser levado em conta quando o observamos. Um comportamento "desprovido de sentido", e reações químicas sem causa significam a mesma coisa: não conhecemos pelo menos uma das principais variáveis daquilo que está acontecendo. O comportamento é uma tentativa de realizar algo.

O "motivo" de uma ação, "a explicação", é constituído de dois elementos. Primeiro, a situação ou estado de coisas existentes. É o que está acontecendo em nossa vizinhança imediata, *conforme é percebido* por quem quer que esteja praticando a ação (como os seres humanos reagem às coisas deve-se muito mais ao homem do que à coisa em si). Um martelo comum e um macaco, um aneróide e um barômetro de mercúrio nada têm em comum, exceto o *objetivo* para os quais os seres humanos queiram utilizá-los. Em segundo lugar está o objetivo ou estado de coisas que se deseja obter. Ambos os elementos devem ser levados em consideração em todas as explicações, em psicologia. Dependem um do outro, e nenhum deles, sem o outro, possui qualquer significado em termos de ação.

5. Qualquer explicação baseada em um único sistema de um processo de consciência ou de um comportamento individual e significativo, é uma séria distorção da condição humana. A "explicação" deve-se dar em termos de uma combinação de modos de descrever, mais do que optar por um deles. Anna Karenina não se atirou embaixo do trem por ter sido rejeitada pelo amante. Esse foi um dos fatores de seu suicídio, talvez o que o tenha precipitado, mas sua cultura de origem, a subcultura da família, a estrutura de sua personalidade, sua experiência global de vida e a herança genética também contribuíram para a configuração que resultou em sua morte. Conhecemos mais profundamente ao compreendermos de maneira mais ampla. Pensem em um índio *navaho*, um filho de *hippies*, em um *yuppie*, um psicopata, ou um norueguês, em situações estruturalmente

semelhantes à de Anna Karenina. Cada um deles teria se comportado diferentemente. Ao lermos o romance de Tolstoi, a razão pela qual entendemos a ação final de Anna Karenina é que o autor já nos ensinou muito a respeito da ampla variedade de influências que ajudaram a moldá-la e a levaram ao suicídio. Compreender uma determinada seqüência de percepções ou comportamentos é um processo sem fim que consiste em relacionar uma determinada seqüência, que está sendo estudada, com seqüências cada vez mais amplas que envolvem mais o organismo, sua história e o entorno social ao qual ele está reagindo. Nesse processo existem apenas pontos de interrupção convenientes e não pontos realistas. Interrompemos o processo de explicação num ponto conveniente que, antecipadamente determinamos ou no ponto em que nossa curiosidade diminui. Trata-se apenas de pontos artificiais e não devemos esquecer disso.

6. Enquanto um processo, ou acontecimento, estiver aberto unicamente ao acesso privado, isto é, enquanto estivermos estudando a consciência, em princípio ele não é quantificável. A quantificação envolve necessariamente a concordância sobre o significado e a definição exata de unidades básicas de medida, e isso simplesmente não é possível nos domínios da experiência a que se tem acesso privado.

Definir unidades de aspectos da consciência pode ser divertido, mas é simplesmente inútil. Perguntar "quantos Romeus" existem em meu amor por ela é um exercício interessante, porém desprovido de significado.

7. Os domínios da experiência estudados pela psicologia, pelo comportamento individual e pela consciência não permitem uma previsão exata. Isso se dá, em parte, porque a mesma situação não pode ser repetida e, assim, as leis que tornam possível esse tipo de previsão não podem ser desenvolvidas. Se um indivíduo demonstra um comportamento repetitivo e estereotipado do tipo que possibilita uma previsão exata (até em uma área limitada), podemos ter certeza de que estamos lidando com uma pessoa gravemente afetada. Além do mais, nenhum indivíduo é idêntico ou tem alto grau de semelhança com outro, assim como nenhuma criatura permanece a mesma por um longo período de tempo. Nossa experiência interior diferencia-se da experiência dos outros e muda constantemente.

8. As ações de um indivíduo dependem em grande escala de sua *história*. Isso é muito menos válido para as ciências físicas, onde um fragmento de chumbo se comporta de modo muito semelhante a outro, possui quase que as mesmas propriedades, independentemente de estar exposto à luz solar ou se encontrar no escuro, ou se estiver isolado com outros fragmentos de chumbo nos últimos dez anos. Isto não vale para uma pessoa. Tanto a história como as propriedades

exercem um papel na reação de um e de outro, porém, a ênfase é pronunciadamente diversa. De um modo geral, não precisamos conhecer a história de um sistema físico para entender suas ações. Faz pouca diferença se meu carro chegou até mim de Detroit transportado por um trem ou por um caminhão. Não precisamos conhecer a história de um indivíduo para compreender sua atividade como um todo e formular previsões de ordem geral para o futuro.

9. Os objetivos de uma ciência da psicologia são muito diferentes dos objetivos da física e da química. São objetivos das ciências físicas uma concepção do cosmo que permite uma previsão matemática e um controle cada vez mais amplos das entidades e dos processos estudados. O objetivo da psicologia é o tipo de compreensão que ajudará os indivíduos a ter uma vida mais plena, rica e exuberante. Como os métodos da ciência, tendo em vista o progresso, precisam ser adaptados ao tipo de material estudado, também as experiências e pesquisas em torno de uma ciência precisam ser adequadas a seus objetivos. Se um estudo não recorrer a métodos apropriados ou não for orientado para metas justificáveis, na melhor das hipóteses significa perda de tempo.

10. Os seres humanos são uma classe da vida que utiliza símbolos e define seus objetivos (bem como grande parte das percepções imediatas sobre o que está acontecendo em volta deles), por intermédio dos símbolos e nos símbolos. Generalizações a uma classe da vida que usa símbolos, feitas a partir de uma classe que não os usa é um esforço de validade extremamente duvidosa. As semelhanças são muito mais aparentes do que reais. Assim, os seres humanos não podem ser compreendidos de modo significativo ou proveitoso por intermédio do estudo dos animais.

São esses os pressupostos básicos para uma ciência da psicologia, para o estudo científico da consciência e do comportamento humano. No entanto, antes de prosseguirmos na análise dessas duas abordagens, surge uma interrogação: "Partir para a ciência ideográfica enquanto método para a psicologia fará realmente alguma diferença? Toda essa teoria não estará muito distanciada da vida humana?" Abordemos essa questão dando um exemplo de como a psicologia *poderia* ser diferente.

Tendo em vista nosso exemplo, tomemos o exame de qualificação para uma tese de doutoramento. O estudante completou os cursos e estágios; como parte de sua formação realizou muita auto-exploração e demonstrou sua habilidade de exercitar outra abordagem da condição humana que não aquela encontrada nos manuais de psicologia. Foi bem-sucedido nos primeiros exames, nos quais foram testados seus conhecimentos dos problemas da ética no campo da psicologia, a história da psicologia e sua relação com outros campos, os estágios de desenvolvimento e as tarefas que um indivíduo tem que cumprir em sua própria cultura, etc. Agora chegou a parte final dos exames. Dão-lhe uma pergunta e dois dias para respondê-la. A pergunta divide-se em seis partes. No primeiro dia ele responde às duas primeiras, e no segundo, as outras quatro. Eis o teste:

1. Escolha uma pessoa que você conheça muito bem, pessoalmente ou através da biografia ou da ficção. Descreva-a sob o ponto de vista de B. F. Skinner, Jean-Paul Sartre, Sigmund Freud, Alfred Adler, Feodor Dostoievsky, Henry James, D. O. Hebb, Carl Jung, Carl Rogers, Kurt Lewin, William Stern, Karen Horney, Arthur Miller, Salvador Minuchin, Erik Erikson, Kurt Goldstein, Andreas Angyal, Henry Murray, Victor Frankl, Jane Austen, V. I. Lenin, Robert Havighurst, Aaron Beck, Neal Miller e Otto Rank (dentre esses escolha quatro).

2. Combine-os em uma descrição da pessoa que seja útil para um possível patrão, um cônjuge perturbado, um psiquiatra, um juiz, um conselheiro vocacional ou um verbete de três parágrafos de uma enciclopédia (escolha dois.)

3. Descreva os testes e técnicas que você poderia empregar para intensificar sua compreensão em relação a essa pessoa. Diga por que escolheu cada um deles.

4. Elabore ou relate uma experiência de laboratório que o ajudaria a saber mais a respeito dessa pessoa. Você pode elaborar um novo estudo, ou usar um estudo extraído da literatura profissional. Justifique a escolha.

5. De uma perspectiva psicológica, de que maneira a pessoa a quem você está estudando assemelha-se mais a todos os membros da espécie humana? De que modo ela mais se assemelha aos outros membros de sua subcultura? De que maneira ela é única e semelhante só a ela mesma?

6. A partir de sua própria experiência e estrutura de personalidade, o que o leva a escolher essa pessoa, para escrever sobre ela com tanta riqueza de detalhes? Você acha que isso influenciou suas conclusões? Como se sente em relação a isso?

Esse é o tipo de exame final que um estudante com formação em psicologia ideográfica possivelmente prestaria. Dada a escolha de um psicólogo treinado para submeter-se a esse tipo de exame, quem você preferia contratar como especialista em recursos humanos, como psicólogo da escola de seu filho, como psicoterapeuta, como seu professor de psicologia, como consultor de um programa de ação social?

10

OS DOIS MÉTODOS DA CIÊNCIA

> Quero enfatizar que nada do que eu disser é contra os métodos da Ciência na esfera que lhe é própria, ou pretende lançar a mínima dúvida sobre seu valor. No entanto, para que não haja nenhum equívoco em relação a esse ponto, sempre que nos preocuparmos não com o espírito de uma investigação desinteressada, mas com uma pródiga imitação da *Ciência*, falaremos de "cientificismo" ou de "preconceito cientificista". ...esses termos... descrevem, é claro, uma atitude decididamente anticientífica... pois envolvem uma aplicação mecânica e acrítica de hábitos e pensamentos em campos diferentes daqueles dos que foram concebidos.[1]

Os dois métodos, *La Science de l'Humanité* e *La Science de La Nature*, têm muito em comum. Poderiam ser comparados às prolongadas e sérias investigações sobre a natureza humana dos antigos gregos e hebreus, ou seja as famílias de Zeus e de Jeová. Ambos compartilham um alfabeto que brota claramente de uma fonte — as primeiras manifestações através de alfa e beta, e as segundas através de aleph e beth, por exemplo. As duas grandes investigações satisfazem muitas necessidades semelhantes. No entanto, suas diferenças são profundas e uma não deriva da outra. A grande tragédia grega, *Édipo Rei*, e os magníficos salmos do rei Davi são independentes e constituem uma tentativa de compreender e descrever o que significa o ser humano. Embora ambos possam filiar-se a um ancestral comum, um não se filia ao outro ou depende do outro para a sua validade.

Uma forma de arte, tal como a pintura, não é uma ciência fracassada. A ciência também não é uma forma fracassada de arte. Ambas satisfazem as necessidades humanas. Ambas integram nossa busca da sobrevivência, como indivíduos e como espécie, para nos sentimos mais à vontade, conosco e com os outros, e também com a natureza da qual fazemos parte.

As diferenças significativas entre os dois tipos de ciência não têm sido claramente compreendidas nos anos recentes. Mostrarei aqui um meio de organizá-las de modo que elas possam ser comparadas e contrastadas com mais facilidade, para que em nosso trabalho em psicologia possamos enxergar com mais nitidez os métodos que desejamos empregar em determinadas circunstâncias. Isto é extremamente importante se quisermos realizar um verdadeiro progresso.

Cada método é ideal para certos objetivos e inútil para outros. A ciência nomotética é ideal, completa e unicamente adaptada ao universo constituído pelo espaço-tempo-energia-matéria (o domínio da experiência denominado ETEM). Transportá-la para outros domínios da experiência seria como equipar e treinar as tropas para combater no deserto e depois enviá-las para lutar na Antártida.

A esta altura podemos levar em consideração três grandes diferenças entre esses dois métodos científicos. Ei-las:

1. A permanência dos fatos.
2. As metas da ciência.
3. O domínio da investigação na ciência.

No restante deste capítulo eu as examinarei com mais detalhes.

Fazer generalizações a partir do comportamento de uma máquina e reportar-se ao comportamento dos seres humanos é uma atividade ainda menos proveitosa e pode exercer um efeito pouco maior do que divertir o psicólogo que está fazendo a generalização. É concebível — embora eu duvide — que se pudesse projetar um computador que escrevesse uma poesia aceitável. Não existe, porém, a possibilidade da existência de um computador que, após codificar e gravar um poema, desejasse ativamente comprar um buquê de flores para outro computador e viver com ele para sempre Ou um computador que pudesse sentir veneração em uma catedral ou que, caindo aos pedaços, devido à velhice, desejasse profundamente a presença reconfortante de sua mãe.

1. A PERMANÊNCIA DOS FATOS

Na *Science de la Nature*, os fatos são verdadeiros apenas por certo tempo. A verdade deles é transitória. Muito do que constituía uma "verdade" para a ciência do século XVIII e XIX hoje é superstição. Muitos fatos estão superados, ou sua abrangência tornou-se muito restrita. Na medicina já não acreditamos mais na existência do *fluido calórico* e na *sangria* (com exceção de poucas e raras condições) ou na existência do *éter* luminescente. Esses e muitos outros foram fatos científicos comprovados no passado e não são mais considerados válidos. (A eficácia do guaiacum no tratamento da sífilis é outro exemplo. Considerado durante muito tempo um método de tratamento comprovado e amplamente documentado, médico algum sonharia em usá-lo hoje, pois *sabe-se* que ele é clinicamente inútil.)

Outra importante classe de fatos na ciência que lida com verdades "objetivas" é aquela que compreende casos ainda considerados "verdadeiros" mas de âmbito muito reduzido. Ainda acreditamos que as equações e "fatos" de Newton são válidos, eles já não são mais encarados como algo que cobre aquele território amplo e universal que o próprio Newton e os cientistas que o seguiram nos dois séculos e meio seguintes julgavam abranger. Em vez de constituírem "fatos" para todo o cosmo, agora os vemos como algo verdadeiro apenas para a estreita região em que nossos sentidos operam. Quando entramos em uma faixa mais veloz e mais ampla, onde são verdadeiros os "fatos" e equações da relatividade, eles perdem a validade. E se entramos na faixa de acontecimentos pequenos demais para que os sentidos possam atuar, mesmo teoricamente — o domínio da experiência que se refere ao quantum —, eles também são inaplicáveis.

Até a reverenciada Segunda Lei da Termodinâmica, que os físicos julgaram outrora ser válida para toda a realidade, já não tem mais esse prestígio universal nos dias de hoje. Antes era vista como algo que conduzia inexoravelmente todo o cosmo à "morte pelo calor", à configuração final, estéril e amorfa do universo em que cada partícula da matéria deveria se situar a distâncias iguais das que estavam mais próximas, e assim permaneciam para sempre, inertes e irremovíveis. Essa apavorante previsão, que outrora acreditava-se ser inevitavelmente verdadeira, em geral já não é mais aceita pela ciência. A Segunda Lei é vista hoje como inexorável apenas naquela estreita faixa em que os sentidos da humanidade podem operar: além dos limites do que é pequeno demais para se perceber, ainda que teoricamente, e do que é grande ou rápido demais para ser percebido, ainda que teoricamente. Essa lei não se aplica e não existe no reino da consciência.

Acreditava-se que o modelo mecânico e as leis da mecânica cobriam toda a existência. Hoje vemos que elas também se restringem às áreas que podem ser observadas pelos sentidos, na teoria ou na prática.

Assim, os "fatos", na *Science de la Nature*, são transitórios e estão sujeitos a se tornar antiquados, ou grandemente limitados, no seu âmbito e aplicabilidade.

Por outro lado, na *Science de l'Humanité*, os fatos não se tornam obsoletos. Nossa compreensão da ira de Clitemnestra, provocada pelo assassinato de sua filha, e a morte subseqüente de Agamenon, da qual ela é a autora, não é menos válida hoje do que quando Ésquilo escreveu sua grande tragédia. Nossas percepções se aprofundaram e podemos entender como ela se teria sentido e comportado se tivesse sido criada em outra cultura (conceito que para um grego do período clássico seria bastante estranho), mas continuamos a ter empatia com ela e compreender seu sentimento e comportamento.

O *Ricardo III* de Shakespeare é tão válido hoje quanto o foi no século XVI. Atualmente, dispomos de mais instrumentos conceituais para perceber Ricardo do que os elizabetanos que lotavam o *Globe Theatre* na época de Shakespeare, mas não sentimos e conhecemos mais do que eles o desejo de tornar-se rei. Nós e eles reagimos de modo semelhante à ambição desmedida e à necessidade de uma acolhida positiva para alguém que desde a infância foi aleijado, em um mundo onde as proezas físicas e a beleza eram valores respeitados; que sente ter sido prejudicado nos direitos que seu insigne nascimento lhe conferia e acredita poder praticar todas os atos necessários para restaurar o equilíbrio perdido, mesmo que esses atos se oponham a suas próprias convicções morais e às aceitas como "corretas" em sua época. Agora podemos perceber melhor a tragédia, recorrer à sabedoria e à compreensão de um Freud e de um Adler para nos relacionar com a motivação de Ricardo, porém não sentimos uma empatia mais profunda ou *reagimos* com mais intensidade a ele. A peça é tão válida quanto sempre foi. Seus fatos não foram suplantados por novos fatos, nem sua abrangência tornou-se mais limitada. Apenas nós a percebemos com mais profundidade e amplitude.

Os escritos de Platão sobre a capacidade humana de agir para o bem e para o mal ainda são válidos, embora saibamos muito mais sobre a motivação humana do que ele. Os escritos de Demócrito sobre a estrutura atômica não são mais válidos.

Uma fotografia feita por Capra sobre os horrores da guerra será sempre válida, embora sejam em preto-e-branco e os modernos cromos coloridos acrescentem novas dimensões à nossa percepção e reação. Do mesmo modo a pintura e as gravuras de Goya nos dizem muito sobre o sofrimento e a desolação causados pela guerra. Dotada de novas percepções e de novas técnicas pictóricas, a *Guernica* de Picasso relata coisas novas. As entrevistas e pesquisas do psiquiatra Robert Jay Lifton aprofundam nossa compreensão. As percepções de Dostoievsky sobre a natureza do homem e sua capacidade de exercer o bem e o mal são tão válidas hoje quanto o eram no século passado, e serão igualmente válidas no próximo século (previsão que podemos fazer sobre muito poucos fatos no campo da física e da química). O macambúzio Aquiles em sua tenda nos revela tanto sobre a verdade da natureza do amor e da perda quanto o fazia no século V a.C. Na *Science de l'Humanité*, acrescentam-se novos "fatos" e as percepções se aprofundam. Nosso conhecimento da consciência e do comportamento humanos se beneficiaram com a contribuição do conceito e dos estudos da dissonância cognitiva, dos estudos como a regressão em uma situação de estresse, das pesquisas sobre experiências culminantes, dos escritos de Erik Erikson sobre o ciclo vital, da *Morte de um Caixeiro Viajante*, de Arthur Miller, e do *Luto e Melancolia*, de Freud. Eles nos ajudam a nos aproximarmos ainda mais da "Subjetividade Disciplinada" a qual o antropólogo Gregory Bateson declarou ser tão importante para a psicologia. Muito se acrescentou aos conceitos dos séculos anteriores, mas eles não perderam sua validade. Pelo contrário, foram aprofundados por nós.

2. AS METAS DA CIÊNCIA

Em *La Science de la Nature*, nossas metas são sistemas de fatos e seus relacionamentos são cada mais ordenados, ampla e sistematicamente. Queremos agora conhecer um número cada vez maior de fatos, relacioná-los uns aos outros em estruturas que se expandem cada vez mais, até que, ao menos teoricamente, encontremos a grande equação que liga todo o cosmo em uma estrutura bela e coerente. Foi em virtude dessa teoria que Einstein passou os últimos anos de sua vida pesquisando. Além disso, através dessa compreensão, procuramos *controlar* o mundo das coisas. Acreditamos que, à medida que formos alcançando uma compreensão mais ampla, adquiriremos um controle cada vez maior. Teoricamente, não existe limite para o controle que imaginamos, assim como não existe limite para a compreensão que procuramos. Quando o escritor de ficção científica descreve os homens e mulheres do futuro como seres capazes de controlar a trajetória do desenvolvimento das estrelas e o deslocamento dos planetas, isso é inteiramente consistente com nosso pensamento atual.

Por outro lado, o objetivo da ciência ideográfica é enriquecer a vida humana e torná-la mais abrangente, variada e repousante.

Na *Science de l'Humanité*, buscamos uma compreensão cada vez mais profunda, bem como a capacidade de desenvolver uma empatia cada vez maior para com o indivíduos. Não estamos tão preocupados com os fatos e seus relacionamentos, pois quanto mais intensa for nossa compreensão, menos fatos existirão. A consciência é, com efeito, um traje sem costuras, que não comporta elementos descontínuos. Estamos preocupados com a capacidade de nossa própria consciência de "sentir os sentimentos e pensar os pensamentos" de outra pessoa, para que possamos expandir de tal modo nossa vida interior que o ditado seja verdadeiro: "Nada que é humano me é alheio". Assim, com esse tipo de compreensão, poderemos entender com mais precisão o que outra pessoa provavelmente sentirá, pensará e fará no futuro e em outras circunstâncias. Poderemos também perceber como ajudar a libertar outra pessoa de seus bloqueios interiores e de suas ligações neuróticas, compreendendo quais são suas necessidades de liberdade. É assim que um bom psicoterapeuta trabalha, depois de tudo o que já se disse e se fez. Ele emprega as técnicas que sua escola ou seu culto lhe ensinaram para alcançar momentos de uma tal compreensão empática que lhe permita enxergar o mundo pelos olhos de seus pacientes, sentir suas dores, conhecer seus muros interiores e os laços neuróticos que os limitam. Por meio do treinamento e da expansão de sua própria consciência, o terapeuta sabe o que é necessário ou o que precisa ser feito para ajudar o paciente a crescer em direção à própria saúde e ao melhor funcionamento possível.

Existem, portanto, dois significados para o termo "compreensão", cada um deles aplicável a uma forma de ciência. Na ciência das coisas, o termo significa um conhecimento analítico cada vez mais claro das partes e da maneira como elas estão relacionadas. Na ciência dos seres humanos, o termo significa uma empatia cada vez mais aprofundada, uma "permanência" sob o mesmo céu e na mesma terra com outra pessoa de modo que possamos viver no mundo dela, ao lado ela, compreendendo suas motivações e reações. Cabe aqui aquele velho ditado dos índios americanos "Nunca julgue uma pessoa até ter percorrido um quilômetro com seus mocassins".

Não conhecemos as leis do comportamento humano, mas podemos entendê-las. Chamberlain mudou seu comportamento em relação a Hitler depois que este deixou de cumprir sua palavra e marchou sobre a Checoslováquia. Não compreendemos as leis que governaram a mudança de Chamberlain e não acreditamos que existam tais leis, mas ainda entendemos muito bem o que aconteceu. Compreendo outra pessoa ao reviver sua experiência, não pela análise de seu comportamento através de leis. Compreendo muito bem Dom Quixote, mas não dispomos, e jamais disporemos, de leis que definam seu comportamento. Nas palavras de Dilthey: "Sempre compreendemos muito mais do que sabemos."

Tanto a ciência ideográfica quanto a ciência nomotética são, em princípio, assintóticas. Em cada uma delas, jamais conseguiremos chegar ao fim de nossa pesquisa. Sempre haverá mais o que aprender, caso estejamos nos preparando e nos treinando para criar empatia com outro ser humano, ou entender as leis da hidrodinâmica. Isso é fácil de se observar na ciência física. Um cientista pode passar a vida em um campo de pesquisa limitado e descobrir que, à medida que o conhecimento se desenvolve e em sua área de especialização, mal ele consegue — se é que consegue — manter-se em dia com todas as publicações que afetam diretamente seu trabalho. Todos os especialistas experientes em pesquisa passam por essa vivência.

Na ciência ideográfica isso pode ser mais difícil de se entender. Todos nós, após um contato emocional com outra pessoa (ou personagem de um livro, de uma peça ou um filme), passamos pela experiência de acreditar que entendíamos realmente a pessoa. No entanto, sempre existe algo mais. Recordo-me de um fato recorrente durante a Segunda Guerra Mundial. Trabalhávamos com soldados que tinham passado por experiências tão traumatizantes no campo de batalha que não conseguiam mais agir. Denominamos a isso "fadiga de combate". Havia numerosos casos nos hospitais.

Uma das técnicas que empregávamos naquela época eram as entrevistas, durante as quais o paciente ficava sob o efeito do pentotal de sódio. Através disso e de algumas técnicas hipnóticas, fazíamos com que o soldado voltasse a vivenciar as traumáticas experiências no campo de batalha. Combinada com o apoio, a renovada confiança em si e a sugestão, essa abordagem era freqüentemente muito útil como método de tratamento.

Os seguintes fatos ocorriam repetidamente (isso se dava nos Estados Unidos, longe das cenas de combate): o soldado estava deitado em uma cama. De pé, junto ao leito, estavam uma enfermeira e um psicólogo, ou psiquiatra. Quando o soldado revivenciava as cenas da batalha, muitas vezes era tão "real" que nós, os observadores, de repente estávamos nos agachando, encolhidos mesmo, para evitar os estilhaços dos morteiros que, na realidade, tinham caído havia meses e a milhares de quilômetros de distância. Nossa relação de empatia com o soldado era tão forte que nossos reflexos involuntários nos protegiam das explosões e dos estilhaços de projéteis que o soldado revivenciava e recordava no plano emocional. É difícil imaginar uma empatia e uma compreensão mais fortes do que essa.

Nenhum de nós, porém, foi atingido pela fadiga de combate. Sabíamos que vivenciávamos apenas uma *parte* do que experimentara o soldado. A despeito de pertencermos à mesma cultura e ao mesmo período da história em que se desenrolava a guerra, apesar de nossa formação e de nosso desejo de estar *junto* com o soldado, e apesar do realismo assustador proporcionado pela experiência com o pentotal, não conseguíamos ir muito além. Os que, entre nós, eram os mais capacitados, conseguiam ir mais longe: eram os psicoterapeutas melhores e mais bem-sucedidos. Nossa compreensão em nível mais profundo possibilitou uma comunicação mais proveitosa com o soldado, o que nos fez entender melhor o que aquela pessoa necessitava para chegar à sua versão mais completa e entusiasmada de funcionamento. Nenhum de nós, porém, alcançou ou vislumbrou um limite. Havia sempre a possibilidade de compreender mais amplamente, ou empatizar mais completamente.

Neste capítulo discuto três aspectos das diferenças existentes entre dois tipos de ciência — *La Science de l'Humanité* e *La Science de la Nature*. Uma visão mais concreta dessas diferenças poderá ser ilustrada por aquilo que, com toda a certeza, é o caso mais conhecido da história da terapia, o "caso Dora", que se deu com Freud.[2]

Dora era a caçula da família. Seu irmão era um ano e meio mais velho. O pai aproximava-se dos 50 anos e durante toda a vida sofrera numerosas doenças. Freud o tratara de seqüelas de uma infecção sifilítica e os sintomas haviam desaparecido inteiramente. Quatro anos mais tarde ele levou a filha para Freud, que recomendou uma psicoterapia. Na hora ela rejeitou. No entanto, decorridos dois anos, ela voltou e permaneceu em tratamento com Freud durante três meses.

Quando o tratamento teve início, Dora tinha 18 anos de idade. Desde os 8 anos apresentava vários sintomas histéricos. Segundo Freud, ela apresentava o mais comum dos sintomas somáticos e mentais — dificuldade de respirar, tosse nervosa, perda de voz (algumas vezes durante cinco semanas seguidas), enxaqueca, depressão, insociabilidade histérica, idéias de suicídio e uma insatisfação com a vida.

A mãe de Dora foi descrita por Freud como uma mulher que sofria do que ele denominou "psicose da dona de casa", isto é, era uma mulher tão envolvida com as tarefas domésticas que não conseguia se relacionar com quem quer que fosse da família.

Os pais de Dora fizeram amizade com outra família, os K. No decorrer da análise de Dora, ficou patente que o pai começara um caso com a sra K para compensar a frieza de sua mulher. O sr. K tentou aproveitar-se sexualmente de Dora e quis casar com ela. A doença de Dora ligava-se ao amor pelo pai, às propostas do sr. K e também ao amor homossexual que sentia pela sra. K. Tudo isso, por sua vez, relacionava-se com sua própria situação familiar, isto é, com seu complexo edipiano. Deve-se observar, porém, que naquela época (1901) Freud não estabelecia uma ligação do conflito com o período infantil edipiano, entre os 3 e 5 anos de idade, mas contentava-se em trabalhar as dificuldades que tinham surgido na adolescência de Dora.

Como já disse, Dora permaneceu em tratamento durante três meses, após os quais ela o interrompeu abruptamente, sem a menor explicação. Em quinze meses, entretanto, voltou para uma consulta. Ao que parece, ela alcançara algumas melhoras quanto aos sintomas, embora sintomas histéricos de um ou outro tipo continuassem a se manifestar.

O *método* empregado por Freud nesse caso foi o método da *Science de l'Humanité*. Ele começou perguntando: "Quem é *esta* pessoa?" E em seguida perguntou: "O que poderemos dizer de pessoas que exibem sintomas neurológicos sem que haja mudanças neurológicas, isto é, histéricas?" Por fim, indagou: "Em que esta histérica se diferencia de outras histéricas?"

Foi nesse escrito que Freud ilustrou pela primeira vez, em detalhes, uma de suas fantásticas contribuições, ou seja, o conceito de que a neurose é por natureza psicológica e deve ser entendida em termos psicológicos. Essa contribuição permitiu um avanço de nossa compreensão da neurose. (Hoje sabemos que muitas vezes podemos bloquear os *sintomas* de uma neurose por meio de medicação, mas para compreender e finalmente curar uma neurose precisamos permanecer na área da psicologia.)

O âmbito da investigação, nesse estudo, era a pessoa em sua individualidade. Freud preocupava-se em saber como Dora percebia e definia sua situação de vida e quais eram seus objetivos. Ele assinalava, com detalhes, que cada pessoa é capaz de definir a situação diversamente e ter diferentes objetivos nos vários "níveis" da personalidade. Os sentimentos e o comportamento não são simplesmente determinados por definições e metas formuladas conscientemente. (Em 1901 essa idéia era algo tremendamente revolucionário.) A atração inconsciente de Dora por *Herr* K e seu desejo inconsciente de ter uma relação sexual com ele era um fator primordial que a levava a desenvolver sintomas histéricos. Freud demonstrou, nesse âmbito da investigação, que é absolutamente necessário levar em conta os propósitos e as metas, conscientes e inconscientes, assim como ocorre com a massa e a inércia no âmbito da investigação da engenharia mecânica.

Nos domínios da investigação sobre o ser humano — seus sentimentos, percepções e ações — não existem leis exatas, porém podemos aplicar generalizações úteis a uma classe de pessoas. À medida que adquirimos um conhecimento cada vez mais amplo sobre um tipo específico de escola de pintura — a impressionista, por exemplo —, podemos fazer um número cada vez maior de previsões sobre os quadros dessa escola, mesmo estando plenamente conscientes de que cada quadro é único e sua composição, em princípio, não pode ser prevista, ainda que saibamos qual é o tema e quem é o pintor. Antes de serem pintados, seria impossível afirmar como seriam os "Nenúfares", de Monet ou "A Ponte de Londres", de Derain. No entanto, se conhecêssemos suficientemente a história da arte e o impressionismo em particular, poderíamos entender muito a respeito desse tipo de pintura, como essas duas obras de arte específicas se assemelham a outras do mesmo tipo e em que elas se diferenciam. O teste essencial de qualquer ciência ou arte é sua capacidade de auxiliar nas transformações. Hoje nossa capacidade de agir assim, nesse particular domínio da investigação, é maior devido a esse estudo e ao trabalho do qual ele faz parte.

Não foram encontradas leis específicas na psicologia (até mesmo a lei que Freud julgou outrora ter descoberto — toda histeria tem uma base sexual — há muito foi abandonada). Chegamos, porém, a uma compreensão mais profunda não apenas dos seres humanos em sua maioria, mas dos histéricos em particular. Agora podemos sentir uma empatia mais profunda por eles, prever em geral a futura trajetória de um indivíduo e ajudá-lo mais. Nesse estudo é explorada em profundidade uma síndrome anteriormente desconhecida. Não se descobriu regra alguma, nenhuma lei foi definida, porém sabemos muito mais do que antes de esse estudo ser realizado.

Outro aspecto da *Science de l'Humanité*, ilustrado por "Dora" é a permanência dos fatos. As percepções de Freud, em 1901, são válidas ainda hoje, porém, dispondo de novos instrumentos e conceitos, compreendemos muito mais o caso Dora do que foi possível a Freud. Nós nos *enriquecemos* e aprofundamos nossa compreensão muito além do que foi permitido a ele.

Quando lemos as publicações de Freud sobre o caso, que datam de 1905, sabemos estar na presença de um gênio. Contemplamos, assombrados, à medida que ele penetra intimamente nas misérias e na vida de Dora, com sua magnífica inteligência, que ele vê e segue pistas as quais nem sequer teríamos notado. Freud está preocupado sobretudo com o nível de personalidade que hoje denominaríamos "defesas do ego" — como Dora reprime e distorce os sentimentos, numa tentativa de atenuar sua dor. Ele proporciona uma nova compreensão sobre seu comportamento e sobre muitos mitos e lendas. Depois de publicado, compreendemos o caso Dora muito mais do que tínhamos compreendido.

No entanto, há tanta coisa hoje que sabemos mais do que ele... Podemos enxergar Dora em um contexto mais rico. Compreendemos a dinâmica da família, as pressões genéticas, os padrões de classes sociais, as influências culturais, as tarefas e oportunidades de crescimento muito mais do que se poderia em 1901. Se, passados vinte anos, Freud pudesse afirmar que considerava sua teoria original de Dora "correta, porém incompleta" e que lhe havia escapado muita coisa relativa à transferência e sua importância, o que não teria dito 80 anos mais tarde? Com efeito, se ainda estivesse vivo, e com sua ênfase no crescimento e no constante desenvolvimento de nossa compreensão humana, Freud teria sido rotulado de "antifreudiano".

Em termos das influências familiares exercidas sobre Dora, hoje as enxergamos como uma teia de pressões e oportunidades que atuavam em um "campo". Conforme observa o psiquiatra Philip Rieff, vemos Dora como

> "...a filha doente que tem [uma mãe doente e] um pai doente que tem uma amante doente, que tem um marido doente, que se oferece como amante à filha doente. Dora não quer fazer parte desse círculo desprovido de encanto.[3]

Freud percebeu algumas das influências dos pais sobre Dora, mas não a Gestalt da família, e nem nos termos de dinâmica de campo que empregamos hoje. Em sua época, o conceito científico preponderante, essencialmente o único, era o da ação e reação individuais. A despeito do trabalho de Mach e de alguns outros, o conceito de campo era pouco conhecido.

Hoje encararíamos Dora não só como parte inseparável de toda a família, mas também como "aquela que faz soar o alarme", aquela que, ingressando em uma patologia visível, assinala ao mundo que a Gestalt inteira encontra-se muito distorcida e que a ajuda se faz necessária. Tais conceitos eram desconhecidos em 1901.

Hoje também faríamos muitas indagações em relação a ela. Por exemplo: qual era seu nível de reação genética? A partir dos trabalhos de René Spitz e de Margaret Friess, sabemos que o nível geral de reação de uma pessoa é geneticamente determinado. Friess descreveu o que acontece quando colocamos um bebê de um dia em uma balança e um dos dedos de seu pé toca o metal frio. Uma criança gritará, ficará vermelha, arqueará o dorso e reagirá vigorosamente, por intermédio de todos os recursos sob seu comando. Outra não reagirá, e mesmo que nesse momento alguém esbarre acidentalmente no carrinho e a sala estiver cheia de barulho e de excitação, ela simplesmente não se mexerá. Friess denomina a esses dois tipos "fazedora de onda" e "pegadora de onda". A primeira criança, diz ela, provocará maremotos e furacões se você a puser em uma plácida lagoazinha, num dia muito tranquilo. A segunda flutuará em paz e confortavelmente nas ondas provocadas por uma tempestade, em pleno oceano. Hoje sabemos que essas diferenças inatas exercem, para o resto da vida, um papel nas reações da pessoa, em qualquer situação em que ela se encontre. Qual foi o nível geral de reação de Dora? Que papel ele exerceu no desenvolvimento de sua personalidade e de sua patologia?

Ainda tratando-se de Dora, hoje também indagaríamos quais seriam seus meios mais naturais de ser, relacionar-se e criar, de modo que quando ela se expressasse, o fizesse por meio da sua melhor "canção" ao "ritmo de sua música". Quais eram os padrões de expressão da sua personalidade e o que os bloqueou? Seria possível detectá-los e liberá-los? Esse instrumento conceitual adicional proporciona ao psicoterapeuta moderno uma capacidade muito maior de compreender e ajudar em relação àquilo de que ele dispunha, no início do século. Naquele tempo, a definição do objetivo da terapia, conforme era expresso por Freud, consistia em "eliminar as dores única do paciente que só a ele pertenciam, e fazê-lo voltar àquela infelicidade comum a toda a humanidade". Hoje dispomos de uma meta complementar que, segundo a formulação de Karen Horney, assim se expressa: "Ajudar o paciente a encarar o que é unico nele, ou seja, sua individualidade, sua neurose, retirá-la da frente de seus olhos, onde ela atua como um pára-brisa, e fazê-la deslocar-se para trás do pescoço, onde ela atuará como um motor de popa".

Hoje também formularíamos indagações sobre a classe social, a cultura e a subcultura em que Dora foi criada. Como, por exemplo, a sexualidade feminina era definida naquele âmbito? Quais eram as tarefas de desenvolvimento atribuídas a cada grupo de idade? Dora tinha 14 anos quando *Herr* K fez suas primeiras investidas sexuais em relação a ela, algo que ela achou tão inconscientemente atraente e tão conscientemente repulsivo que se recusou a ficar um momento sequer a sós em sua companhia. No entanto, quase sempre ela adoecia quando ele se ausentava do grupo familiar e se recuperava quando ele voltava, o que contrastava com o comportamento de sua mãe, que freqüentemente adoecia quando seu marido estava em casa, e se sentia bem quando ele viajava. O que as normas da classe social, que Dora conhecia, tinham a dizer a respeito dos sentimentos sexuais de uma menina aos 14 anos, a mesma idade de Julieta, em uma cultura diferente? O que era aceitável e o que não era?

Por percebermos Dora em um contexto muito mais amplo do que foi possível a Freud, podemos *compreendê-la* muito mais profundamente. Os "fatos" de Freud não se tornaram "inverídicos", nem se tornaram limitados em seus objetivos, a exemplo do que sucedeu com as definições newtonianas de espaço e de tempo. Em vez disso, eles se *enriqueceram* e se *aprofundaram*, graças ao conhecimento de mais conceitos e abordagens referentes à histeria. Trata-se de um processo que não tem fim. As futuras gerações compreenderão Dora ainda mais profundamente do que nós, porém os fatos que Freud desvendou ainda serão verdadeiros.

3. O DOMÍNIO DA INVESTIGAÇÃO NA CIÊNCIA

Na ciência ideográfica, a ciência dos seres humanos, podemos apenas lidar com os sentimentos e comportamentos de indivíduos. É somente com o indivíduo que podemos criar uma empatia. Posso ter empatia, ainda que apenas teoricamente, com um determinado francês. Posso ter empatia com uma multidão de franceses, ou com a "França", ou a "Europa" (jamais será possível manifestar empatia por uma máquina). Posso descrever o comportamento de uma multidão e ter empatia com indivíduos específicos que nela se encontrem. *La Science de l'Humanité* é a ciência do comportamento e da consciência dos indivíduos. Na ciência nomotética, *La Science de la Nature*, não procuro ter empatia, mas descrever, compreender as partes da entidade que estou estudando e o relacionamento dessas partes. Procuro, através disto, ser capaz de controlar as ações presentes e futuras dessa entidade e de outras da mesma classe.

Pelo menos teoricamente posso fazer isso com uma máquina, uma multidão, com "os franceses", com "a Europa". É claro que o indivíduo e o grupo de indivíduos situam-se em diferentes domínios da experiência e exigem diferentes métodos de estudo. A ciência significa algo diferente quando estamos estudando o indivíduo ou grupos de indivíduos.

É por essa razão que o estudo de como prever e controlar o comportamento de grupos progrediu muito mais rapidamente, a exemplo do que se vê na publicidade, do que as tentativas da psicologia no sentido de prever e controlar o comportamento de indivíduos. O método empregado em ambos os casos foi a ciência nomotética, e tal método foi aplicável unicamente ao estudo de grupos, não de indivíduos. Além do mais, as *metas* da propaganda — previsão e controle — são aplicáveis unicamente à ciência que lida com grupos, não à que lida com indivíduos.

Existe uma diferença básica entre o "interior" e o "exterior" de um fato. O exterior preocupa-se com a ação física e o movimento. Sua pergunta é: "Como?" O interior preocupa-se com o pensamento e o sentimento. Sua indagação é: "Por *quê*?" César morreu sob o pórtico do Senado. É o exterior. O *interior* diz respeito àquela profunda diferença de sentimentos em relação à República romana, entre César e os assassinos. Para ele, a República era um mal, e para os assassinos era um bem. Ele queria destruí-la, os outros, protegê-la. Ele a detestava, eles a amavam.[4]

A ciência nomotética preocupa-se com a exterioridade dos fatos e a ciência ideográfica com seu interior *e* exterior. É por isso que e a expressão *propósito* é um anátema e desprovida de significado na física e na química, mas é essencial na psicologia.

Para compreender o comportamento, é necessário encará-lo de dois pontos de vista ao mesmo tempo: A *causa ut*, seu propósito, o estado de coisas que se quer suscitar, e a *causa quod*, o estado de coisas que se percebe, aquilo que o indivíduo acredita estar acontecendo em sua vizinhança imediata.

Não existe contradição entre esses dois tipos de explicação. Ambos apresentam igual validade e nenhum se sobrepõe ao outro. Konrad Lorenz escreve a respeito da "...crença basicamente equivocada de que um processo causalmente determinado não possa ser, ao mesmo tempo, direcionado para um objetivo". Ele assinala que, se meu carro quebrar no meio de uma viagem importante, ficarei extremamente consciente do propósito de minha viagem e da existência de um processo causal que faz meu carro andar.[5]

Podemos, assim, distinguir dois tipos radicalmente diferentes de explicação. O primeiro diz respeito ao acontecimento com suas condições antecedentes. O segundo refere-se aos motivos para se realizar a ação. O primeiro aplica-se ao cansaço mental provocado pelo desmoronamento de uma ponte, o segundo, à travessia do oceano por Colombo. O segundo tipo de explicação — encontrar um caminho mais curto para as Índias — não envolve nenhuma lei ou generalizações que se assemelhem a leis, mas situa a ação em um contexto único, no qual ele parece ser uma abordagem racional ao problema.

A resposta não se destina às condições antecedentes — o que acontecia na vizinhança imediata pouco antes da ação — mas à situação *conforme ela é definida pela pessoa que realiza a ação*. Não dizemos que o problema foi corretamente avaliado, que a pessoa pode ter errado ou enlouquecido, mas que ela baseou sua ação em sua avaliação. Colombo errou, pois a rota oriental era mais curta e melhor para se chegar ao Oriente.* Na verdade, sua comunicação assemelhava-se mais a uma obsessão. Napoleão tinha um motivo para destacar suas tropas em Waterloo. Ele se baseou em um mapa repleto de erros pensando ser confiável, que não apontava a estrada erodida que destruiu boa parte de sua cavalaria.

No entanto, o motivo de ter ordenado a carga dos dragões da cavalaria foi que, para ele, parecia ser a melhor maneira de atingir seu objetivo. As condições anteriores, a explicação "causal", fornece um conjunto inteiramente diferente de respostas do que as que são fornecidas pela explicação "racional". Graças à explicação causal poderíamos explicar a travessia de Colombo como uma supercompensação de um complexo de inferioridade, pela preferência de sua mãe por seu irmão mais velho, ou por uma necessidade inata de auto-realização. As ciências sociais e a psicologia em particular precisam contar com ambos os tipos de explicação. Deve ficar claro que se trata de dois métodos científicos diferentes de valor equivalente. Cada um se aplica a certos tipos de problemas e a certos tipos de dados. Na trajetória geral seguida pela psicologia, os psicólogos têm atribuído o comportamento dos outros a fatores "causais" e usado as explicações causais para eles; mas atribuem seu próprio comportamento a fatores racionais (intencionais) e empregam explicações racionais para aquilo que nós fazemos. Se a ciência da psicologia deve realizar algum progresso, essa estranha e ilegítima dicotomia entre o psicólogo e "os outros" terá de ser deixada de lado. Só poderemos compreender a consciência e o comportamento das outras pessoas à medida que aceitarmos nossa própria humanidade.

Infelizmente, conforme escreveu o filósofo social Theodore Roszak, "...o behaviorismo, a forma de psicologia mais cientificista e a escola que domina nossas universidades, não nos dá um ponto de partida para o auto-exame. Ela desloca a experiência através do experimento."[6]

RESUMO E CONCLUSÕES

Este livro começou com uma indagação: por que a psicologia não tem sido vista como um instrumento que pode resolver os graves problemas de nossa época? O fato de uma cultura científica voltar-se habitualmente para a ciência para resolver questões importantes e não ao pensamento e comportamento humanos, quando os principais problemas que ameaçam a existência situam-se nessa área, é algo estarrecedor.

A conclusão a que se chegou aqui é que a psicologia se desfez a tal ponto de seus direitos de nascença e abandonou de tal modo o contato real com a existência humana, universalmente acreditada em toda sociedade, que seria inútil procurar ajuda nela em um momento de perigo e aflição.

O exame demonstrou que a causa primordial dessa situação é que a psicologia estava empregando um conjunto não apropriado de pressupostos. Muito antes de a psicologia surgir, já estava decidido com o que ela se depararia ao iniciar suas investigações. Aceitava-se que a nova ciência da mente e do comportamento encontraria os mesmos mecanismos e as interações mecânicas que o século XIX divisou ao aperfeiçoar a máquina a vapor. Tal fato não foi reconhecido, uma vez que representava um erro metodológico: decidir antecipadamente o que nossas observações e experimentos encontrariam e, em seguida, realizar e considerar válidos os experimentos e as observações e que se adequassem a nossos conceitos preconcebidos. Assim, a psicologia é a única área em que as descobertas foram decididas antes que esse próprio campo passasse a existir. Não é por acaso que ela não está preparada, nos dias de hoje, para lidar com seus problemas essenciais.

Como nenhum aspecto significativo ou importante da vida humana ajusta-se ao modelo mecânico, nós estudamos cada vez mais os aspectos da vida humana desprovidos de importância que sirvam a esse modelo. A outra solução que encontramos para o problema foi abandonar o estudo dos seres humanos (nosso tema principal) em favor do estudo de entidades que pudéssemos observar por meios mecânicos, a partir de pressupostos igualmente mecânicos. Isso inclui os ratos e os pombos no laboratório e, ultimamente, os computadores. As experiências que realizávamos com seres humanos tinham por objetivo demonstrar suas características mecânicas que os faziam assemelhar-se a ratos, e foram bem-sucedidas. Então asseveramos que prováramos experimentalmente que os seres humanos assemelhavam-se essencialmente à natureza dos ratos e das máquinas.

No entanto, ao longo desse processo, tornou-se evidente para toda a cultura que, se existiam problemas que diziam respeito ao comportamento, em laboratório, de ratos e pombos, *nós* éramos os especialistas a quem se deveria recorrer. Mas se os problemas se referissem a parar de nos matarmos uns aos outros, parar de envenenar o planeta, deter o constante crescimento populacional, seria melhor dirigir-se a outras fontes. Como a nossa é uma cultura que vê a ciência como solucionadora de problemas, como a ciência com a qual podia contar era claramente impotente para isso, o pessimismo e a desesperança espalharam-se por toda a sociedade ocidental.

A psicologia decidiu tomar um dos atalhos da estrada para ser uma ciência, o que nos conduziu à presente situação. Como tentamos demonstrar neste livro, foi uma escolha inevitável, levando em conta a orientação cultural da época.

Homens e mulheres grandemente dedicados fizeram essa escolha, acreditando sinceramente que ela conduziria a algo fértil e produtivo. Foi com a esperança de uma vida melhor para a humanidade que Wundt e Titchener tentaram analisar a consciência em suas menores unidades básicas, que Watson e Skinner procuraram analisar o comportamento através dos reflexos e contrações musculares e que milhares de outros psicólogos tentaram compreender o comportamento humano isolando uma ou outra parte do comportamento ou da consciência, sendo o mais objetivos possível em relação aos dados, construindo metáforas da espécie humana, seguindo suas implicações onde quer que levassem e, em geral, trilhando com determinação o caminho da mais produtiva ciência de todas as épocas. Eles acreditavam ser essa trajetória correta, que percorriam com energia, dedicação e amor.

É muito difícil perceber os próprios pressupostos e ainda mais difícil verificar que são limitados em seus objetivos, ou inaplicáveis em *determinada* situação. Os pressupostos de que a ciência conduz inevitavelmente a quantificações do material com que estamos lidando, que as leis gerais que cobrem todo o campo e as previsões precisas do comportamento de entidades individuais estão de tal forma arraigados em nosso pensamento a tal ponto que eram quase inquestionáveis. Só muito lentamente começamos a perceber que eles eram inaplicáveis a uma ciência da consciência e do comportamento humano.

Mesmo tendo levado muito tempo para ser enxergado, o problema foi descrito e investigado em detalhes no fim do século passado. Tudo começou com os primeiros estudos de Giambattista Vico no campo da história e sua metodologia necessária. Mais tarde, Dilthey, Rickert e Windelband generalizaram a questão, visando as ciências sociais, particularmente a psicologia. Surgiram várias designações para os dois métodos científicos que emergiram. Renan denominou-os *La Science de la Nature* e *La Science de l'Humanité*. Dilthey chamou-os de *Naturwissenschaft* e *Geisteswissenschaft*. Wildelband e, mais tarde Gordon Allport referiam-se a eles como ciência "nomotética" e "ideográfica". Apesar das diferentes designações, houve um excelente acordo quanto à estrutura e os métodos necessários à *Science de l'Humanité* — a ciência da consciência e do comportamento humano.

Nos três campos distintos das ciências sociais — a etologia, a história e a psiquiatria dinâmica — vemos o novo método sendo amplamente usado. (Também foi empregado com precisão e competência por bons professores das escolas maternais!) O curioso é que, nesses três campos, há um indivíduo que esteve muito próximo deles, quando o novo método começou a ser usado.

Wilhelm Windelband era amigo de Freud. Lorenz descreveu sua influência no campo novo da etologia. Collingwood relatou a importância de seu uso no campo da história. Pouco conhecido hoje, esse filósofo exerceu uma força surpreendente sobre as ciências sociais.

A ciência ideográfica, a ciência do pensamento e do comportamento humano, não possui leis gerais. Examino uma pessoa que sofre de esquizofrenia. Tento conhecer tudo o que puder a seu respeito, procuro compreendê-la em tantos níveis quanto me for possível. Pergunto: "Quem é esta pessoa?" "O que é um esquizofrênico?" 'Como este esquizofrênico diferencia-se de outros que incluo na mesma categoria?" Não chego a nenhuma lei devidamente consagrada.

Jamais posso fazer previsões exatas sobre o comportamento de esquizofrênicos específicos. No entanto, à medida que avanço, minha compreensão se aprofunda. Aprendo mais o que é e como é ser esquizofrênico. Surge a maneira de ajudar as pessoas afetadas por essa doença. Posso reagir a elas, sei mais a respeito daquilo que elas vêem e como percebem o mundo com o qual estão interagindo. Minha "compreensão" se torna um "estar sob" o mesmo céu e no mesmo mundo. É necessário treinamento, trabalho árduo e uma "subjetividade disciplinada" para conseguir isso. É uma trajetória científica tão rigorosa quanto a da *Science de la Nature*.

Eu aprenderia pintura e música exatamente assim. É como eu aprenderia a respeito da experiência religiosa, do amor heterossexual ou homossexual, da dor provocada pela perda, da manifestação criativa, da firmeza e da coragem em face da adversidade ou de quaisquer outras facetas importantes ou significativas da vida humana. E por "importante" refiro-me ao modo como tudo isso é vivido e definido pelos seres humanos e não por um modelo teórico. "Importante" inclui o que temos em comum com o resto da vida animal sobre este planeta — a necessidade de sobreviver como indivíduo e como espécie. Inclui também aquilo que temos, porque somos humanos: necessidades psicológicas e espirituais, necessidade de criar a beleza, a compaixão, os temores e aspirações, as esperanças e os medos, a capacidade de

> *...amar-te, nas três dimensões*
> *que minha alma pode atingir,*
> *quando sente que não é vista*
> *até os confins do Ser e da graça ideal...*
> *amar-te no nível de cada dia*
> *à luz do sol, à luz das candeias,*
> *na mais absoluta tranqüilidade.*

Isso inclui nossa capacidade de projetar utopias para todos e construir campos de concentração para muitos. Inclui também nossas santas Teresas de Ávila, nossos Beethovens, nossos Tamerlões, nossos Hitlers.

O laboratório e *La Science de la Nature* têm um papel muito importante e real a exercer em nossa tentativa de aprender sobre nós mesmos, de nos compreendermos e nos comunicarmos. O laboratório é um lugar absolutamente essencial para testar hipóteses e idéias a que se chegou por outros meios. À medida que emergem as percepções e as compreensões, elas devem ser postas à prova no laboratório, que por sua vez torna-se parte integral e primordial de nosso empenho científico em descobrir quem somos e para onde vamos.

Mantidos em seus lugares, o método experimental e o laboratório são partes insubstituíveis de nossa ciência; usados erroneamente, como tem sido freqüente na psicologia, eles se avizinham do desastre.

Somos uma espécie complexa, sempre em desenvolvimento, com alegrias e tristezas, amor e ódio, egoísmo e altruísmo, mesquinharia e grandeza. A complexidade e a mudança, entretanto, jamais constituíram reais impedimentos para a compreensão e o avanço científicos. O que impede o crescimento de uma ciência é não usá-la apropriadamente, caso o método básico que empregarmos não se relacione com os dados do domínio da experiência que estamos estudando, ou com as metas próprias desse domínio. Usar e combinar corretamente os dois métodos da ciência pode levar-nos a uma compreensão cientificamente disciplinada, profunda e artística de nossa espécie ao mesmo tempo cômica e trágica, pode auxiliar a psicologia a desenvolver-se e a tornar-se uma ciência que ajude todos a se desvencilharem das armadilhas mortíferas em que estão presos, uma ciência que nos capacite a evitar o Armagedon.

Para finalizar, uma observação de cunho mais pessoal. Aos dezenove anos, quando era calouro na faculdade, conheci o campo da psicologia, que ainda era novo. Após uma infância tumultuada, acompanhada de freqüentes sentimentos de fracasso e confusão, houve uma súbita explosão de reconhecimento e esperança. Descobri o que me parecia a aventura definitiva, a busca do que significa ser humano e estar imerso na condição humana.

Desde então, a trajetória tem sido excitante e desigual. O empenho por encontrar os usos mais férteis desse notável campo da psicologia proporcionou-me experiências exaltantes e momentos de êxtase, bem como períodos de desespero. Para mim, essa luta para separar o joio do trigo aproximou-me da primeira fase de minha vida e proporcionou-me grande entusiasmo para o futuro. Espero ter conseguido, neste livro, compartilhar tais sentimentos e os motivos que os justificaram.

NOTAS

1: Em uma selva escura

1. M. R. Cohen. *Reason and Nature*. Nova York: Harcourt, Brace, 1931, p. 367.
2. K. Lewin. *Principles of Topological Psychology*, trad. F. e G. M. Heider. Nova York; McGraw-Hill, 1939, p. 13.
3. A. Toynbee, cit. em W. B. Walsh, *Perspectives and Patterns: Discourses on History*. Syracuse, N.Y.: University Press of Syracuse, 1962, p. 73.
4. *Psychological Monitor*, 17 nº 6 (junho de 1981) p. 22.
5. *Ibid.*, p. 24.

2: Localizando o desvio de rota

1. S.Koch. "Psychology as a Science". *in* S. F. Brown. *Philosophy of Psychology*. Nova York: Harper & Row, 1974, p. 6.
2. D. O. Hebb. "What Psychology Is About". *American Psychologist*, 29, 1973, p. 74.
3. Koch. "Psychology as Science", p. 16.
4. A. Koestler. *The Ghost in the Machine*. Nova York: Random House, 1967, Apêndice I.

3: Como formar especialistas

1. A. Koestler. *The Ghost in the Machine*. Nova York: Random House, 1967, p. 15.
2. H. M. Prochansky. "For What Are We Training our Graduate Students?", *American Psychologist*, 27, 1972, p. 207.
3. J. Bazun. *A Stroll with William James*. Nova York: Harper & Row, 1983, p. 84.
4. L. Hudson. *The Cult of the Fact*. Nova York: Harper Torchbooks, 1973, pp. 40 e ss.

4: O laboratório e o mundo

1. N. Tinbergen. *The Animal in Its World*. Cambridge, Mass.: Harvard University Press, 1973, p. 10.
2. J. C. Flugel. *A Hundred Years of Psychology*. Nova York: Basic Books, 1964, p. 315.
3. J. Dewey. Discurso presidencial de 1899 perante a Associação Americana de Psicologia, *in* E. Hilgard, *American Psychology in Historical Perspective*. Washington, D.C.: American Psychological Association, 1978, p. 66.
4. *Ibid.*, p. 75.
5. E. Fromm. *Psychology Today*, fev. 1986, p. 75.
6. A. N. Whitehead. *Science and the Modern World*. 1926. Reimpressão. Nova York: Mentor Books, 1948, p. 18.
7. D. Bannister. "Psychology as an Exercise in Paradox". *Bulletin for the British Psychological Society*, 19, 1960, p. 24.
8. K. Popper. *The Poverty of Historicism*. 1957. Reimpressão. Nova York: Harper Torchbooks, 1964, p. 18.
9. D.G. Mook. "In Defense of External Validity". *American Psychologist*, 38, abr. de 1983, p. 383.
10. Ver, por exemplo, S. Sarason, *Psychology Misdirected*, Nova York: Free Press, 1981.
11. Ver, por exemplo, W. Windelband, *Theories in Logic*. 1912. Reimpressão. Nova York: Philosophical Library, 1961; H. Rickert. *Science and History*. 1912. Reimpressão. Nova York: D. Van Nostrand, 1962; e R. G. Collingwood. *Essays in the Philosophy of History*. Austin: University of Texas Press, 1965.

5: As cifras e os sentimentos humanos

1. J. Bruner. *In Search of Mind*. Nova York: Harper & Row, 1983, p. 107.
2. H. Bergson, cit. *in* R. Haynes. *The Seeing Eye, the Seeing I*. Londres, Hutchinson, 1982, p. 63.
3. W. James. *The Principles of Psychology*, 1890. Reimpressão. Nova York: Dover, 1950, p. 230.
4. H. Bergson. Discurso Presidencial. *Proceedings: Society for Psychological Research*, 57, 1963, p. 159.
5. A. Koestler, cit. *in* J.Beloff, *New Directions in Parapsychology*. Londres, ELEK Science Press, 1974, p. 165.
6. K. Popper. *The Poverty of Historicism*, 1957. Reimpressão. Nova York: Harper Torchbooks, 1964, p. 3.
7. *Ibid.*, p. viii.
8. I. Kant. *Critique of Pure Reason* (A-133), cit. *in* M. Polanyi, *Knowing and Being*. Chicago: University of Chicago Press, 1969, p. 105.
9. G. A. Miller. *Psychology: The Science of Mental Life*. Nova York: Harper & Row, 1962, pp. 322 e ss. Ver também G. Allport, "The Personalistic Psychology of William Stern", *in* B. J. Wolman, *Historical Roots of Contemporary Psychology*. Nova York: Harper & Row, 1968, pp. 321-37.
10. S. Sarason. *Psychology Misdirected*. Nova York: Free Press, 1981, p. 111.

6: Criando um modelo de homem

1. A. Clapanis. "Men, Machines and Models", *in* R. H. Mark, *Theories in Contemporary Psychology*. Nova York: Macmillan, 1966, p. 105.
2. *Advances* 2, n? 6, 1984, p. 4.
3. I. Berlin. "Notes on Alleged Relationism in 18th Century Thought", *in* L. Rompa e W. H. Dray, *Substance and Form in History*. Edimburgo: Edinburgh University Press, 1981, p. 13.

4. J. McK. Cattell. "Psychology as an Experimental Science". *in* E. Hilgard, *American Psychology in Historical Perspective*. Washington, D.C.: American Psychological Association, 1978, pp. 53 e ss.
5. G. Allport. "The Psychologist's Frame of Reference". *Psychological Bulletin,* 37, 1940, pp. 14 e ss.
6. A. D. W. Malefist. *Images of Man*. Nova York: Knopf, 1974, p. 344.
7. A. Korzybski. Leitura em seminário. Lakeville Connecticut: 1951.
8. F. A. Beach. "The Snark Was a Boojum". *in* T. E. McGill, org. *Readings in Animal Behavior*. Nova York: Holt, Rinehart & Winston, 1965, pp. 3-15.
9. *Ibid*.
10. *Ibid*.
11. C. L. Kutscher. *Reading in Comparative Studies in Animal Behavior*. Waltham, Mass.: Xerox College Publishing, 1971, p. 2.
12. K. M. Breland. "The Misbehavior of Organisms". *American Psychologist*, 1961.
13. E. Cassirer. *The Myth of the State*. New Haven: Yale University Press, 1946, p. 6.
14. E. H. Madden. *Philosophical Problems of Psychology*. Nova York: Odyssey Press, 1962, p. 66.
15. M. C. Swabey. *The Judgement of History*. Nova York: Philosophical Library, 1954, p. 25.

7: Deus é um engenheiro

1. J.B.Watson, comunicação pessoal com A. Jenness, 1932.
2. T. H. Huxley. "The Problematic Science: Psychology". *In* W. R. Wooodward e M.G. Ash, orgs., *Nineteenth-Century Thought*. Nova York: Praeger, 1988, p. 100.
3. R. E. Johnson. *In Quest of a New Psychology*. Nova York: Human Science Press, 1985, p. 16.
4. A. Toynbee, cit. *in* M. C. Swabey. *The Judgement of History*. Nova York: Philosophical Library, 1954, p 95.
5. B. F. Skinner. *Science and Human Behavior*. Nova York: Macmillan, 1953, p. 169.
6. L. Kubie, K. Lashley e D. O. Hebb, todos cit. *in* M. Polanyi. *Knowing and Being*. Chicago: University of Chicago Press, 1969, p. 42.
7. Polanyi, *ibid*.
8. G. Allport. "The Personalistic Psychology of William Stern". *in* B. J. Wolman, *Historical Roots of Contemporary Psychology*. Nova York: Harper & Row, 1968, p. 330.
9. R. M. Rilke, cit. *in* H. A. Hodges, *Wilhelm Dilthey*. Nova York: Oxford University Press, 1944, p. 25.
10. G. Santayana. *Reason in Science*. Nova York: Collier, 1962, p. 71.
11. L. Mumford. *Technics and Civilization*. Nova York: Harcourt, Brace, 1934, p. 76.
12. S. Koch. "Psychology as Science", *in* S.F. Brown, *Philosophy of Psychology*. Nova York: Harper & Row, 1974, p. 14.
13. A. S. Eddington. *The Nature of the Physical World*. Nova York: Macmillan, 1931, p. 467.
14. M. R. Cohen, cit. *in* D. A. Hollinger, *Morris Cohen and the Scientific Ideal*. Cambridge, Mass.: MIT Press, 1975, p. 99.
15. Parafraseado de R.G. Collingwoood. "Human Nature and History". *in* P. Gardner, org., *The Philosophy of History*. Nova York: Oxford University Press, 1974, p. 31.
16. S. Sarason. *Psychology Misdirected*. Nova York: Free Press, 1981, p. 10.
17. D. Berg e K. Smith, orgs. *Exploring Clinical Methods for Social Research*. Palo Alto, Calif.: Sage Publications, 1985, p. 73.
18. *Ibid*.
19. C. Alderfer, cit. *in ibid*.
20. K. Lashley, cit. *in* Koch, "Psychology as Science", p. 19.

21. A. Angyal. *Foundations for a Science of Personality*. Nova York: The Commonwealth Fund, 1941, p. 24.
22. K. Goldstein, *in* H. Swaardemaker e C. Murchison, org., *A History of Psychology in Autobiography*. Nova York: Russell & Russell, 1961. vol. 2, p. 154.
23. K. Lorenz, cit. *in* P. N. Lehner, *Handbook of Ethological Methods*. Nova York: Garland STPM Press, 1979, p. 11.
24. Collingwood. "Human Nature and History", p. 29.
25. G. Murphy. *Human Potentialities*. Nova York: Basic Books, 1958.
26. T. Szasz. "The Myth of Mental Illness". *American Psychologist*, 15, 1960, p. 115.
27. G. Watson. "Moral Issues in Psychotherapy". *American Psychologist*, 13, 1958, p. 575.
28. G. H. Turner. "Psychology — Becoming and Unbecoming". *Canadian Journal of Psychology*, 14, 1960, pp. 153-6.
29. R. May. "Historical and Philosophical Presuppositions for Understanding Therapy". *in* O. H. Mowrer, org., *Psychotherapy, Theory and Research*. Nova York: Ronald Press, 1953.

8: A psicologia e a condição humana

1. S. Freud, cit. *in* L. LeShan e H. Margenau, *Einstein's Space and Van Gogh's Sky*. Nova York: Collier, 1982, p. 143.
2. N. Ackerman *The Psychodynamics of Family Life*. Nova York: Basic Books, 1958.
3. C. Rogers. "Some Directions and End Points in Therapy", *in* O. H. Mowrer, org., *Psychotherapy, Theory and Research*. Nova York: Ronald Press, 1953.

9: Pressupostos necessários a uma ciência humana

1. F. A. Hayek. *The Counter-Revolution of Science*. Glencoe, Ill.: Free Press, 1952, p. 14.
2. L. Mumford. *Technics and Civilization*, 1934. Reimpressão. Nova York: Harcourt, Brace, 1963, p. 16.
3. R. G. Collingwood. "Human Nature and History", *in* P. Gardner, org., *The Philosophy of History*. Nova York: Oxford University Press, 1974, p. 25.

10: Os dois métodos da ciência

1. F. A. Hayek. *The Counter-Revolution of Science*. Glencoe, Ill.: Free Press, 1952, p. 15.
2. S. Freud. *An Analysis of a Case of Hysteria*. Intr. Philip Rieff, 1905. Reimpressão. Nova York: Collier Books, 1963.
3. Rieff, *ibid.*, p. 10.
4. Parafraseado de R. G. Collingwood. *Essays in the Philosophy of History*. Austin: University of Texas Press, 1965, p. xvi.
5. K. Lorenz, cit. *in* P. N. Lehner, *Handbook of Ethological Methods*. Nova York: Garland STPM Press, 1979, p. 172.
6. T. Roszak. *Why Astrology Endures*. San Francisco: Robert Briggs Associates, 1986, p. 1.

BIBLIOGRAFIA SELECIONADA
(E AMOSTRAGEM DE ALGUNS PONTOS DE VISTA)

ALLPORT, G. W. "The Psychologist's Frame of Reference". *Psychological Bulletin*, 37, 1940, pp. 171-8.

ANGYAL, A. *Foundations for a Science of Personality*. Nova York: The Commonwealth Fund, 1941.

"...a diferença essencial é que o dispositivo mecânico é caracterizado pela passividade, e o organismo, pela atividade..." (p. 37).

ARGYLE, M. *Social Interaction*. Chicago: Atherton Press, 1969.

BANNISTER, D. "Psychology as an Exercise in Paradox." *Bulletin of the British Psychological Society*, 19, 1966, pp. 21-6.

BARZUN, J. *A Stroll with William James*. Nova York, Harper & Row, 1983.

"Quer tentemos substituir a mente por um computador ou por um inconsciente que realiza todo o trabalho, o resultado será o mesmo. Privamo-nos do individual e retornamos ao autômato, cujo estudo nos deixa mais à vontade" (paráfrase da p. 47).

BEACH, F. A. "The Snark Was a Boojum".* *Readings in Animal Behavior*, 1950. Reimpressão. Nova York, Holt Rinehart & Winston, 1965.

"Quando o psicólogo comparativo americano saiu à caça do comportamento animal, descobriu um certo animal, o rato albino, e era um *boojum*, e de repente o psicólogo desvaneceu suavemente (paráfrase da p. 4).

BERLIN, I. *Historical Inevitability*. Nova York: Oxford University Press, 1954.

BERMAN, L. *The Religion Called Behaviorism*. Nova York: Boni & Liveright, 1927.

"As definições sempre mutilam as realidades e, por isso, todos os dicionários são os hospitais das idéias fraturadas e aleijadas" (p. 11).

BRONOWSKI, J. *The Common Sense of Science*. Boston: Harvard University Press, 1978.

CHAPANIS, A. "Men, Machines and Models." *American Psychologist*, 16, 1961, pp. 113-31.

---

* Criatura de Lewis Caroll do poema "Hunting of the Snark" (1876).

CLAIBORNE, R. *God or Beast?* Nova York: W. W. Norton, 1974.
"Entre os jovens psicólogos que [J. B.] Watson atraíra para suas fileiras, palavras como 'inconsciente', 'sensação', 'idéia' e 'prazer' logo se tornaram tabus, bem como a expressão 'orgasmo', em um encontro nos campos da Georgia" (p. 23).

COHEN, M. R. *Reason and Nature.* Nova York, Harcourt Brace, 1937.
"...os campos da psicologia e da sociologia, nos quais os exercícios de vocabulário técnico freqüentemente ocultam a escassez de uma percepção interior substancial" (p. viii).

_____. *Studies in Philosophy and History.* Nova York: Frederick Ungar, 1949.

COLLINGWOOD, R. G. *An Essay on Philosophical Method.* Oxford: Oxford University Press, 1933.

_____. *Essays in the Philosophy of History.* Austin, Texas: University of Texas Press, 1965.

_____. "Human Nature and History". in P. Gardner, org., *The Philosophy of History.* Nova York: Oxford University Press, 1974.
"Um processo natural é um processo de acontecimentos, um processo histórico é um processo de pensamento" (p. 21).

COOLEY, C. H. *Selected Papers.* Nova York, Henry Holt, 1930.
"A base da realidade do nosso conhecimento dos homens repousa na percepção dramática ou de identificação; sem elas, ficamos todos no ar" (p. 333).

CROCE, B. *History: Its Theory and Practice.* Trad. de D. Ainslie Jr. Nova York: Russell & Russell, 1960.

DILTHEY, W. *Pattern and Meaning in History.* Nova York: Harper Torchbooks, 1961.

EYSENCK, H. J. *Sense and Nonsense in Psychology.* Baltimore Md.: Pelican, 1957.

FLUGEL, J. C. *A Hundred Years of Psychology.* Nova York, Basic Books, 1964.

GIORGI, A. *Psychology as a Human Science.* Nova York: Harper & Row, 1970.
"Nas ciências naturais dispomos de conhecimento e de explicação, mas nas ciências humanas contamos com a compreensão e a interpretação" (p. 26).

GOLDSTEIN, K. *in* H. Zwaardemaker e C. Murchison, orgs. *A History of Psychology in Autobiography*, vol. C. Nova York: Russel & Russell, 1961.

"É de extrema importância que avaliemos todos os aspectos do organismo em relação às condições do organismo como um todo... O impulso em direção à auto-realização não é meramente um estímulo, mas uma força que compele e aciona o organismo" (p. 150).

GUTHRIE, R. V. *Even the Rat Was White: A Historical View of Psychology*. Nova York: Harper & Row, 1976.

HAMMOND, K. R. *The Psychology of Egon Brunswik*. Holt, Rinehart & Winston, 1960.

HAYEK, F. A. *The Counter Revolution of Science*. Glencoe: Free Press, 1952.

──────. *The Sensory Order*. Chicago: University of Chicago Press, 1952.

"É como se a 'especulação' (que, deve-se lembrar, é apenas outra designação para o pensamento) tenha se tornado tão desacreditada entre os psicólogos que precisa ser exercida por forasteiros, cuja reputação profissional nada tem a perder" (p. vi).

HAYES, C. J. H. *A Generation of Materialism*. Nova York: Harper Torchbooks, 1960

HILGARD, E. *American Psychology in Historical Perspective*. Washington, D.C.: N.P.A. Inc., 1978.

HINDE, R. A. *Ethology*. Nova York: Oxford University Press, 1982.

HODGES, H. A. *The Philosophy of Wilhelm Dilthey*. Westport, Conn.: Greenwood Press, 1974.

──────. *Wilhelm Dilthey*. Nova York: Oxford University Press, 1946.

"Sempre compreendemos mais do que sabemos" (p. 119).

HOLLINGER, B. A. *Morris R. Cohen and the Scientific Ideal*. Cambridge, Mass.: MIT Press, 1975.

HOLT, E. B. *The Freudian Wish*. Nova York: Holt & Co., 1915.

"...os recifes de coral, em última análise, consistem em íons positivos e negativos, mas o biólogo, o geógrafo ou o capitão de um navio incorreriam em erro se os interpretassem nesses termos" (p. 160).

HUDSON, L. *The Cult of the Fact*. Nova York: Harper Torchbooks, 1942.

"Não existem barreiras entre a ciência e a arte. Todos os argumentos relativos à vida humana merecem ser ouvidos na mesma arena de debates... A maioria dos cientistas sociais que se apóiam em... computadores parecem desistir de sua capacidade de raciocínio... Aqueles que trabalham na pesquisa parece que sutilmente se transformam em criaturas da maquinaria do processamento de dados e não o contrário" (p. 12).

HUGHES, H. C. *Consciousness and Society*. 1961. Reimpreeessão. Nova York: Vintage/Random House, 1977.

"Sob a influência do darwinismo social, a 'hereditariedade' e o 'meio ambiente' substituem o pensamento lógico consciente como os principais determinantes da ação humana" (p. 38).

"[Pareto] espremeu todo o sangue vital do comportamento humano até sobrar pouco mais do que uma lista de categorias ocas" (p. 224).

JOHNSON, R. C. *In Quest of a New Psychology*. Nova York: Human Sciences Press, 1935.

"...enclausurar-nos na segurança sintética de laboratórios de animais e distribuições normais" (p. 16).

Grande número de estudos acadêmicos realizados na área da psicologia revelaram aquilo que é óbvio e muito conhecido através de um trabalho muitíssimo árduo e dispendioso.

Um caso recente (1990) foi o Projeto de Avaliação de Aprendizado do Meio Ambiente, que examinou mais de duzentas crianças em 22 escolas. A pesquisa contrastou dois grupos de crianças. O primeiro incluía a presença de mães mais exigentes, críticas, agressivas, menos afetuosas, e tinha expectativas extremamente altas. O segundo grupo compreendia mães que achavam "que as crianças deviam ser crianças". As crianças do primeiro grupo tendiam a ser menos criativas, demonstrar mais ansiedade nos testes, e, no curso primário, não apresentavam vantagens sobre as do segundo grupo, do ponto de vista do aproveitamento escolar.

Esse estudo bem elaborado, cuidadoso e dispendioso demonstrou aquilo que cada educador e professor do curso maternal e pré-primário sabe há muito tempo. Lembra uma observação feita por Ernst Cassirer a William Stern, referente a um projeto semelhante: "É preciso ser um psicólogo muito bem formado para fazer o estudo de algo tão absolutamente óbvio".

KENDLER, H. H. *Psychology: A Science in Conflict*. Nova York: Oxford University Press, 1981.

"Ninguém sugeriu que os pacientes devam solicitar aos psicoterapeutas a prova de que a técnica deles funciona. Mas é considerado legítimo fazer essa indagação a um cirurgião... Se você gastar com uma viagem, uma cirurgia plástica ou um barco a vela a mesma quantia que despenderia com uma psicoterapia, os resultados seriam tão bom? Por que não sabemos a resposta para essa indagação?'' (paráfrase da p. 353).

KIMBLE, G.A., & CARMEZY, M. *Principles of General Psychology.* 2ª ed. Nova York: Ronald Press, 1963.
"...a psicologia é um ramo das ciências naturais. (É)... o conceito mais importante que se aprenderá no primeiro ano de um curso de psicologia... o comportamento humano e animal... podem ser descritos objetivamente, manipulados, controlados e estudados do mesmo modo que outros fatos naturais" (p. 15).

KOCH, S. "Psychology as Science". *In* S. E. Brown. *Philosophy of Psychology.* Nova York, Harper & Row, 1974.

_____. *A Study of a Science.* 6 vols. Nova York: McGraw-Hill, 1959-1963.

KOESTLER, A. *The Act of Creation*, 1940. Reimpressão. Londres: Pan Books, 1969.
"O termo 'reflexo', conforme afirmou Sir Charles Sherrington, é uma ficção útil" (p. 28).

_____. & SMYTHIES, J. R. *Beyond Reductionism.* Boston: Beacon Press, 1969.

_____. *The Ghost in the Machine.* Nova York: Random House, 1967.

_____. *Janus.* Nova York: Random House, 1978.

_____. Carta, "The Humanist", out. 1951.
"o materialismo do século XIX... está, é claro, completamente morto. Ignoro o que virá em seguida. Vivemos em meio a um terremoto, e um novo padrão de coisas ainda não foi cristalizado."

KOHL, L. *The Age of Complexity.* Nova York: Mentor, 1965.

KUTSCHER, C. L. *Readings in Comparative Studies in Animal Behavior.* Waltham, Mass.: College Publications, 1971.

LEWIN, K. *Principles of Topological Psychology,* trad. de Fritz Heider e Grace M. Heider. Nova York: McGraw-Hill, 1936.

LOCKARD, R. B. "The Albino Rat! A Defensible Choice ou a Bad Habit". *American Psychologist*, 23, 1968, pp. 734-42.
"...ficaríamos espantados se os astrônomos estudassem unicamente a Terra e aplicassem falsas generalizações ao resto do universo" (p. 741).

LORENZ, K. cit. *in* Lehner P. N., *Handbook of Ethological Methods.* Nova York: Garland STPM Press, 1979.
"A crença corrente de que apenas os procedimentos quantitativos

são científicos... é uma falácia, ditada por hábitos de pensamento 'tecnomórficos', adquiridos em nossa cultura, ao lidarmos preponderantemente com material inorgânico" (p. 15).

McDOUGALL, W. *Outline of Psychology*. Nova York, Charles Scribner & Sons, 1923.
"As duas principais rotas alternativas são: (1) da ciência mecânica, que interpreta todos os seus processos como causa e efeito mecânicos e, (2) da ciência da mente, para a qual um esforço dotado de um propósito constitui uma categoria fundamental" (p. 39).

MACKRIEL, R. A. *Dilthey: Philosopher of the Human Studies*. Princeton, N.J.: Princeton University Press, 1975.

MILLER, G. A. *Psychology: The Science of Mental Life*. Nova York: Harper & Row, 1962
"...há uma longa lista de ciências merecedoras de crédito que não se apóiam na mensuração... Pode-se afirmar que, se nosso conhecimento for escasso e insatisfatório, a última coisa que devemos fazer é recorrer a mensurações... Ainda é possível deparar com psicólogos que realizam mensurações extravagantemente elaboradas, com o intuito de demonstrar quanto um psicólogo pode ser científico" (p. 79). "Um rato não é especialmente típico de nada além de ratos" (p. 229).

MOOK, D. A. "In Defense of External Validity". *American Psychologist*, 38, 1983, pp. 379-87.

MUMFORD, L. *Technics and Civilization*, 1934. Reimpressão. Nova York: Harcourt Brace, 1963.
"A exemplo dos ingleses que, na França, acreditavam que pão era a palavra certa para *le pain*, cada cultura acredita que cada tipo de espaço e de tempo é uma perversão do espaço e do tempo reais nos quais ela vive" (p. 18).

MUNROE, R. *Schools of Psychoanalytic Thought*. Nova York: Dryden Press, 1955.

MURPHY, C. *Historic Introduction to Modern Psychology*. Nova York: Harcourt Brace, 1949.

MURPHY, G., & KOVACH, J. K. *Historical Introduction to Modern Psychology*. 2ª ed. Nova York: Harcourt Brace Jovanovich, 1972.
"Por mais importantes que os aspectos nomotéticos possam ser para certos objetivos da ciência, existem realidades percebidas através do telescópio ideográfico que não podem ser ignoradas" (p. 415).

POLANYI, M. *Knowing and Being*. Chicago: University of Chicago Press, 1969.
"Toda pesquisa científica inicia-se atingindo um problema profundo e promissor, e isso constitui apenas a metade da descoberta" (p. 18).
_____. "Logic and Psychology". *American Psychologist*, 23, 1968 pp. 27-43.
POPPER, K. A. *The Poverty of Historicism*. Nova York: Harper Torchbooks, 1957.
PROSHANSKY, H. M. "For What Are We Training Our Graduate Students?" *American Psychologist*, 27, 1972, pp. 205-12.

RICKERT, H. *Science and History*. 1912. Reimpressão. Nova York, D. van Nostrand, 1962.
"Existem ciências que não objetivam a descoberta de leis naturais e nem mesmo a formação de conceitos gerais. Elas não querem apresentar roupas que vistam tão bem Pedro e Paulo; elas se propõem a representar a realidade que nunca é geral, mas sempre individual, em sua individualidade... Em relação ao que é geral, o historiador concordará com Goethe. Faremos uso disso, porém não o prezamos. Prezamos unicamente o individual" (p. 55)
RUESCH, J., & BALESA, A. *Communication. The Social Matrix of Psychiatry*. Nova York: Norton, 1968.
"Os alicerces da psicanálise foram estabelecidos no mesmo período científico que as teorias da economia clássica, e ambas refletem a física da década de 1850" (p. 247).
RUSSELL, B. *Human Knowledge: Its Scope and Limits*. Nova York: Simon & Schuster, 1948. [Existe edição brasileira.]

SANTAYANA, G. *Reason in Science*. Nova York: Collier Books, 1962.
"A física não pode dar conta daquele movimento e daquela pulsação da tripulação da Terra, da qual os assuntos humanos constituem uma parte. Os assuntos humanos precisam ser abordados por intermédio de categorias que estão mais próximas daquelas empregadas na memória e na lenda" (p. 57).
_____. *Winds of Doctrine,* 1912. Reimpressão. Nova York: Harper Torchbooks, 1957.
"O homem, com toda a certeza, é um animal que, quando vive para valer, vive por ideais" (p. 6).
SARASON, S. P. *Psychology Misdirected*. Nova York: Fell Press, 1981.

"A psicologia, como ciência e prática se casaram. Deixemos de lado a possibilidade de que isso seja motivo para a anulação do matrimônio, pois na verdade jamais chegaram a dormir juntas. (Cada um dos cônjuges acusou o outro de impotência, trapaça e outros atributos menos cativantes do homem, sejam eles de natureza sexual ou de qualquer outra natureza)" (p. 34).

"O conceito de 'inteligência' é uma invenção social que reflete, inevitavelmente, o tempo e o lugar, não uma 'coisa' em um indivíduo" (p. 111).

SCHILPP, P. A. org., *Albert Einstein, Philosopher Scientist*, vol. 1. Nova York: Harper Torchbooks, 1957.

SILVERMAN, I. org., *Generalizing from Laboratory to Life*. San Francisco: Jossey-Bass, 1981.

SPERRY, R. W. "Psychology's Mentalist Paradigm and the Religion/Science Tension". *American Psychologist*, 41, ag., 1988, pp. 607-20.

SWABEY, M. C. *The Judgment of History*. Nova York: Philosophical Library, 1954.

"A consciência traz essa autoridade consigo, e aqueles que recriam o passado devem ir além dos registros públicos para chegar a um conhecimento íntimo" (p. 56).

TINBERGEN, N. *The Animal in Its World*. Cambridge, Mass: Harvard University Press, 1973.

TOLMAN, E. C. *Purposive Behavior in Animals and Men*. 1932. Reimpressão. Appleton-Century Crofts, 1967.

_____. e Brunswik, E. "The Organism and the Causal Texture of the Environment". *Psychological Review*, 42, 1935, pp. 43-7.

_____. cit. *in* Bruner, J., *In Search of Mind*. Nova York: Harper & Row, 1983.

"O comportamento denota a intenção" (p. 109).

TYRELL, G. N. A. *The Nature of Human Personality*. Londres: G. Allen and Unwin, 1934.

"O fato de que algumas linhas da ciência são assinaladas e selecionadas, enquanto outras são deixadas de lado e ignoradas é, por si só, significativo. Com efeito, novas luzes seriam lançadas sobre a psicologia ao se realizar o estudo do comportamento da mente por um psicólogo" (p. 60).

VAN OVER, R. *Psychology and ESP*. Nova York: Mentor, 1972.

VICO, G. *The New Science*, trad. de T. A. Bergin e M. H. Fisch, 1744. Reimpressão. Ithaca, N.Y:, Cornell University Press, 1984.

_____. *On the Study of Methods of our Time*, trad. de E. Gianturco, 1709. Reimpressão. Nova York: Bobbs-Merrill, 1965.

WATSON, J. B. *Behavior: An Introduction to Classical Psychology*. Nova York: Holt & Co., 1914.
"Ao passar dos organismos unicelulares ao homem, não se necessita de nenhum princípio novo" (p. 318).

WHITEHEAD, A. N. *Science and the Modern World*. Nova York: Mentor, 1948.

WINDELBAND, W., cit. *in* Plantigna, K., *Historical Understanding in the Thought of Wilhelm Dilthey*. Toronto: University of Toronto Press, 1980.
"As ciências nomotéticas são ciências das leis, as ciências ideográficas são ciências dos acontecimentos. A primeira ensina aquilo que sempre é, a segunda aquilo que um dia foi" (p. 25).

_____. *Theories in Logic*. 1912, Reimpressão. Nova York: Philosophical Library, 1961.

WOLMAN, B. J. *Historical Roots of Contemporary Psychology*. Nova York: Harper & Row, 1968.
"Poderá chegar um tempo em que os psicólogos sentirão menos receio do que hoje em aprofundar os problemas da emoção pessoal (para que não pareçam emocionais), ou o estudo dos sentimentos (para que não pareçam sentimentais), ou os enigmas da condição da pessoa (para que se tornem pessoais" (p. 337).

WOODWARD, R. E., e ASH, M. G. *The Problematic Science: Psychology in Nineteenth-Century Thought*. Nova York: Praeger Publishers, 1982.

NOVAS BUSCAS EM PSICOTERAPIA
VOLUMES PUBLICADOS

1 — *Tornar-se presente* — John O. Stevens. Mais de uma centena de experimentos de crescimento pessoal; baseados em Gestalt-terapia, a serem realizados individualmente ou em grupos com a participação de um coordenador.

2 — *Gestalt-terapia explicada* — Frederick S. Perls. Palestras e sessões de Gestalt-terapia, dirigidas por Perls, constituem a melhor maneira de entrar em contato com a força e a originalidade de sua criação. Transcrições literais de uma linguagem falada, cheia de vigor e de expressões coloquiais.

3 — *Isto é Gestalt* — Coletânea de artigos que representam a expressão mais autêntica do desenvolvimento atual da Gestalt-terapia. "Cada um de nós tem áreas de experiência humana onde vemos claramente e movimentamo-nos mais facilmente, e outras onde ainda estamos confusos."

4 — *O corpo em terapia* — Alexander Lowen. O autor expõe os fundamentos da bioenergética. Discípulo de Reich, retoma e expande as formas pelas quais o desenvolvimento do homem é tolhido pela estruturação errônea de hábitos mentais e motores. Pontilhado de exemplos clínicos, esclarece a teoria formulada pela abordagem bioenergética.

5 — *Consciência pelo movimento* — Moshe Feldenkrais. Feldenkrais, com pouca teoria, fundamenta como se forma, como se desenvolve e como se pode melhorar a percepção de si e a estrutura motora da imagem corporal.

6 — *Não apresse o rio (Ele corre sozinho)* — Barry Stevens. Um relato a respeito do uso que a autora faz da Gestalt-terapia e dos caminhos do zen, Krishnamurti e índios americanos para aprofundar e expandir a experiência pessoal e o trabalho através das dificuldades.

7 — *Escarafunchando Fritz — Dentro e fora da lata de lixo* — Frederick S. Perls. Parte em forma poética, muitas vezes divertido, às vezes teórico, o livro é um mosaico multifacetado de memórias e reflexões sobre a sua vida e sobre as origens e evolução da Gestalt-terapia.

8 — *Caso Nora* — Moshe Feldenkrais. Relato de como o autor conseguiu a recuperação de Nora, paciente com mais de 60 anos, e que, devido a um derrame, ficou incapacitada de ler, de escrever etc. A teoria da consciência corporal aqui se manifesta em sua plenitude, com seus êxitos e tropeços.

9 — *Na noite passada eu sonhei...* — Medard Boss. Após o estudo de inúmeros sonhos, Boss mostra que não existe ruptura entre o modo de ser no sonhar e o modo de ser na vigília. Boss aponta em que medida a compreensão dos sonhos pode trazer benefícios terapêuticos.

10 — *Expansão e recolhimento* — Al Chung-liang Huang. A essência do t'ai chi, entendido como o princípio mais sutil do taoísmo, isto é, wu-wei, a "não ação". É a aprendizagem do mover-se com o vento e a água, sem violência, não só nos exercícios, mas também no cotidiano.

11 — *O corpo traído* — Alexander Lowen. Através de uma minuciosa análise, o consagrado autor aborda o complexo problema da esquizofrenia, das realidades e necessidades de nosso próprio corpo, mostrando como chegamos a uma plena e gratificante união corpo-mente.

12 — *Descobrindo crianças* — Violet Oaklander. A abordagem gestáltica com crianças e adolescentes. A autora desenvolve um estudo sério sobre o crescimento infantil, empregando métodos altamente originais e flexíveis.

13 — *O labirinto humano* — Elsworth F. Baker. O livro apresenta a teoria reichiana segundo a qual o caráter humano está baseado no movimento e na interrupção do movimento da energia sexual. Discípulo de Reich, o autor analisa profundamente as causas e os efeitos de tais bloqueios emocionais.

14 — *O psicodrama* — Dalmiro M. Bustos. Livro que permite aprender aspectos técnicos de grande utilidade para o psicodramatista, além de dar uma visão global das diferentes aplicações das técnicas dramáticas.

15 — *Bioenergética* — Alexander Lowen — Através de estudos baseados nas teorias de Reich sobre os variados processos de formação da couraça muscular, o autor analisa diversos tipos de comportamento e propõe exercícios que buscam alcançar a harmonia com o Universo através de movimentos corporais.

16 — *Os sonhos e o desenvolvimento da personalidade* — Ernest Lawrence Rossi. Este livro apresenta os sonhos e a imaginação como processos criativos que conduzem a novas dimensões de consciência, personalidade e comportamento. Através da análise dos sonhos, o autor mostra como podemos ascender a níveis superiores de consciência, amor e individualidade.

17 — *Sapos em príncipes* — *Programação neurolingüística* — Richard Bandler e John Grinder. A programação neurolingüística é um novo modelo de comunicação humana e comportamento. Trata-se de uma técnica minuciosa, que torna possíveis mudanças muito rápidas e suaves de comportamento e sentimentos, em qualquer contexto.

18 — *As psicoterapias hoje* — Org. Ieda Porchat. Um grupo de autores nacionais aborda com clareza e atualidade algumas das técnicas psicoterapêuticas empregadas correntemente, situando-as no contexto geral das terapias.

19 — *O corpo em depressão* — Alexander Lowen. A perda da fé, a dissociação entre o corpo e o espírito, entre o homem e a natureza, a agitação da vida moderna, estão entre as principais razões para a depressão que tantas vezes nos oprime. Neste livro Lowen aponta o caminho para a redescoberta de nosso equilíbrio.

20 — *Fundamentos do psicodrama* — J. Moreno. Mediante um amplo debate com famosos psicoterapeutas, Moreno expõe sua teoria e aborda a transferência, tele, psicoterapia de grupo, espontaneidade e outros temas vitais.

21 — *Atravessando* — *Passagens em psicoterapia* — Richard Bandler e John Grinder. Neste livro de programação neurolingüística, enfatiza-se principalmente a formação dos estados de transe e a rica fenomenologia da hipnose. Livro rico em técnicas fortemente ativas e utilizáveis por terapeutas de linhas diversas.

22 — *Gestalt e grupos* — Therese A. Tellegen — Esta é a primeira exposição histórico-crítica, entre nós, da Gestalt-terapia. O livro, além dos gestalt-terapeutas, é útil para terapeutas de outras abordagens e demais interessados em grupos, desejosos de confrontar sua experiência com uma reflexão a nível teórico-prático.

23 — *A formação profissional do psicoterapeuta* — Elenir Rosa Golin Cardoso. Este livro mostra como se forma o psicoterapeuta, enfocando em especial sua figura idealizada. Através do *Sceno Test*, apresenta uma nova técnica de supervisão.

24 — *Gestalt-terapia: refazendo um caminho* — Jorge Ponciano Ribeiro. Uma tentativa teórica de explicar a Gestalt-terapia a partir das teorias que a fundamentam. De modo diferente e original, o autor une teoria e técnicas à prática da vivência em Gestalt-terapia.

25 — *Jung* — Elie G. Humbert. Livro de grande importância como análise da trajetória intelectual e humana do grande psicanalista, enriquecido por uma detalhada cronologia e bibliografia.

26 — *Ser terapeuta* — *Depoimentos* — Org. Ieda Porchat e Paulo Barros — Mediante entrevistas com psicoterapeutas, os organizadores trazem para os profissionais e estudantes um depoimento vivo e rico sobre a atividade do terapeuta.

27 — *Resignificando* — Richard Bandler e John Grinder. Mudando o significado de um evento, de um comportamento, mudamos as respostas e o comportamento das pessoas. Este livro completa a proposta da Programação Neurolingüística.

28 — *Ida Rolf fala sobre rolfing e a realidade física* — Org. Rosemary Feitis. Um instigante e esclarecedor encontro com a teoria do rolfing e os pensamentos da Dra. Ida Rolf, sua fundadora.

29 — *Terapia familiar breve* — Steve de Shazer. O autor descreve a teoria e a prática de um modo de atuar que desafia pressupostos básicos na terapia familiar, enfatizando a teoria da mudança.

30 — *Corpo virtual* — *Reflexões sobre a clínica psicoterápica* — Carlos R. Briganti. Este texto possibilita o despertar de novos conhecimentos e novas questões a respeito da complexidade humana associada ao corpo, com toda a sua potencialidade de transformação e de mudança.

31 — *Terapia familiar e de casal* — *Introdução às abordagens sistêmica e psicanalítica* — Vera L. Lamanno Calil. A riqueza de conceitos e de conhecimentos teóricos e práticos associados à terapia familiar e de casal, levou a autora a sistematizar nesta obra conceitos fundamentais.

32 — *Usando sua mente* — *As coisas que você não sabe que não sabe* — Richard Bandler. Este livro amplia o conhecimento sobre a Programação Neurolingüística, mostrando-nos como funciona esse método.

33 — *Wilhelm Reich e a orgonomia* — Ola Raknes. Neste livro, Ola Raknes trata do envolvimento gradual de Reich com a orgonomia através do desenvolvimento lógico de suas descobertas.

34 — *Tocar* — *O significado humano da pele* — Ashley Montagu. Este livro diz respeito à pele como órgão tátil, extensamente envolvido no crescimento e no desenvolvimento do organismo.

35 — *Vida e movimento* — Moshe Feldenkrais. Indispensável para aqueles que desejam aprofundar seu conhecimento com o trabalho de Feldenkrais, este livro propõe uma série de exercícios para ampliar a consciência pelo movimento.

36 — *O corpo revela* — *Um guia para a leitura corporal* — Ron Kurtz e Hector Prestera. Renomados terapeutas corporais, os autores escreveram um livro que possibilita a leitura da estrutura de nosso corpo, postura e psique. Um texto importante para nosso autoconhecimento e desenvolvimento.

37 — *Corpo sofrido e mal-amado* — *As experiências da mulher com o próprio corpo* — Lucy Penna. Uma reflexão sobre o corpo feminino na atualidade, em termos históricos e físico-psíquicos, sociais e terapêuticos, tomando como modelo de pesquisa diversos grupos de estudantes universitárias.

38 — *Sol da terra* — Álvaro de Pinheiro Gouvêa. Um livro pioneiro sobre o uso do barro em psicoterapia. O autor expõe os fundamentos teóricos e relata sua experiência com pacientes.

39 — *O corpo onírico* — *O papel do corpo no revelar do si-mesmo* — Arnold Mindell. O autor expõe o significado oculto nas sensações físicas e experiências corporais, pois o inconsciente nos fala, nos sonhos, por meio de imagens e símbolos.

40 — *A terapia mais breve possível* — *Avanços em práticas psicanalíticas* — Sophia Rozzanna Caracushansky. Um verdadeiro manual para os psicoterapeutas, uma visão global das mais importantes contribuições teóricas da psicologia: Freud, Jung, M. Klein, Winnicolt, Mahler, Spit.

41 — *Trabalhando com o corpo onírico* — Arnold Mindell. A aplicação da teoria já elaborada em *O corpo onírico*. Relatos de casos clínicos onde os fenômenos físicos estão relacionados às imagens e símbolos dos sonhos.

42 — *Terapia de vida passada* — Livio Tulio Pincherle (org.). Primeiro resultado de uma produção nacional desta terapia regressiva com bases espiritualistas. O que está em discussão são as teorias cartesianas e a necessidade de abrirem-se perspectivas para um universo polidimensional.

43 — *O caminho do rio* — *A ciência do processo do corpo onírico* — Arnold Mindell. A partir de conceitos da física moderna e da teoria da comunicação, Mindell expõe os princípios filosóficos de suas obras sobre o corpo onírico.

44 — *Terapia não-convencional — As técnicas psiquiátricas de Milton H. Erickson* — Jay Haley. Um clássico da denominada terapia estratégica. O primeiro livro a introduzir a genialidade de Erickson entre o público em geral e o mundo profissional.

45 — *O fio das palavras — Um estudo de psicoterapia existencial* — Luiz A. G. Cancello. Através da análise de um caso modelo, o autor desvenda a complexa relação entre um psicólogo e seu paciente com uma linguagem clara e precisa, em que as questões teóricas vão se colocando em meio ao processo terapêutico. Um dos poucos livros nacionais centrados na terapia existencial.

46 — *O corpo onírico nos relacionamentos* — Arnold Mindell. Aprofundando o que expôs em suas obras anteriores, o autor descreve como a descoberta de que os sinais corporais refletem sonhos pode ser usada para explicar a natureza dos problemas de comunicação.

47 — *Padrões de distresse — Agressões emocionais e forma humana* — Stanley Keleman. Uma análise das reações humanas aos desafios e agressões e a forma como esses sentimentos e experiências dolorosas são incorporados e alteram a estrutura das pessoas.

48 — *Imagens do Self — O processo terapêutico na caixa-de-areia* — Estelle L. Weinrib. Um revolucionário método que alia as técnicas junguianas de interpretação dos sonhos a uma forma não-verbal e não-racional de terapia, a caixa-de-areia.

49 — *Um e um são três — O casal se auto-revela* — Philippe Caillé. Um trabalho inovador no campo da terapia familiar: a necessidade de analisar o casal sem cair na banalidade, devolvendo a ele sua criatividade original.

50 — *Narciso, a bruxa, o terapeuta elefante e outras histórias psi* — Paulo Barros. Através de histórias que permeiam seu trabalho e suas próprias vivências, o autor nos desvenda, entre reflexões teóricas e poéticas, os caminhos de seu pensar e fazer terapêutico.

51 — *O Dilema da Psicologia — O olhar de um psicólogo sobre sua complicada profissão* — Lawrence LeShan. Um alerta contra os rumos que a psicologia tem tomado nos últimos anos e uma análise das causas que a fizeram desviar-se de seu caminho original.

Impresso na
**press grafic
editora e gráfica ltda.**
Rua Barra do Tibagi, 444 - Bom Retiro
Cep 01128 - Telefone: 221-8317